誰偷走了我的靈感？

終結空白提案，擊敗妨礙創作的十大內心魔鬼

作者：理查‧霍曼（Richard Holman）

插畫：艾爾‧墨菲（Al Murphy）

目錄

From the point

who **creates,**

is a

a *leap*

對創作者而言，一切都是賭博，
都是跳進未知的世界中。

——草間彌生

of view of one

everything

gamble,

into the

unknown.

Yayoi Kusama

Introduction
前言

　　想像一群五歲孩子聚在教室裡，你給他們紙和筆，跟他們說要畫什麼都可以。不用多久，你桌上就會堆滿美妙的原創作品。有些抽象，有些具體，也有些好像只是拿彩色筆亂塗一氣。但每個孩子都創造了一件東西。

　　十年後，再把這群孩子找回來，給他們一樣的紙筆、一樣的任務，結果卻完全不同。十五歲的少年少女會顧慮更多，他們可能會要你多給一點方向，面露尷尬、東張西望，看看其他人都在幹嘛。幸運的話，有一兩人會興致勃勃展開創作。更可能大家都不會動筆，只跟你說他們不會畫畫。

　　怎麼會這樣？

　　他們無憂無慮的創造力都去哪了？

　　常有人說，創造力是天生的，只會隨著年齡增長而失去。年紀愈大，我們愈懷疑自己的能力，更常望著別人的作品自嘆弗如，也更害怕犯錯或出醜。久而久之，每個人心裡都養出了一幫有害創作的妖魔。

　　你的創作心魔會搬出各種狡猾的藉口勸你，說今天不

太適合，你的小説還是明天再開工吧！牠們會用力扯住你的手，讓你面對一片空白的畫布時，第一筆就是怎麼樣也畫不下去。或者每當夜裡會有個小小的聲音在你耳邊説，你是個沒天分的冒牌貨，永遠做不出半點有價值的東西，不用懷疑，那也是你的創作心魔。

　　這些煩人的妖魔最喜歡打擊你的創作欲，隨時都在找機會讓你喪氣。對於牠們，你得知道三件事。

首先，沒有一位藝術家、作家、音樂家、表演者、思想家或匠人可以免於這些心魔的騷擾——無論他們有多天才、多成功、多聞名遐邇。你會在後續內容中發現，就連最為人景仰的一些泰斗，也長年在與自己的創作心魔纏鬥：達文西、J‧K‧羅琳、繪本大師蘇斯博士（Dr.Seuss）、環境音樂之父布萊恩‧伊諾（Brian Eno）、爵士鋼琴巨匠賀比‧漢考克（Herbie Hancock）、行為藝術教母瑪莉娜‧阿布拉莫維奇（Marina Abramovic）全都遭遇過創作心魔的襲擊。只是，他們都找到了突圍的方法。

　　第二件事情是，你愈放任你的創作心魔不管，牠們就愈茁壯，也愈囂張。如果一直不正面對付牠們，到了最後，你的創作欲可能完全被牠們吞沒。自我懷疑、猶豫、害怕會使你什麼也做不了，再也沒機會一邊欣賞自己剛剛填好的歌詞、捏好的陶壺、畫好的大作，一邊心想「這是我做的！」感覺活著真好而滿面春風。

　　最後一件不可不知的事情是：哪怕你的創作心魔多恐怖嚇人、怪模怪樣、吵鬧不休，你都有可能將牠們降伏！我們也會在後面章節中看到，有些時候，牠們甚至能反過來為你所用。

　　今天的世界亟需你的創造力。我們需要獨特的見解和大膽的發明，來協助解決目前人類及所有地球居民面臨的問題。我們需要新的書本、戲劇、電影、音樂、展演、藝術，來使我們站在一起，更理解生存於今日之世的意義。每個人也都需要享受——至少一下下——那種渾然忘我，從無到有創造一樣東西的欣喜。

　　因此我誠摯邀請你，和我一起踏上這趟斬妖除魔之旅，逐一收服那些最難纏的壞傢伙。請給我少許時間，我會教你如何運用機智、信念和一點點向古今大師借取的經驗，戰勝自己造出的心魔，從此開始創作！

第一章

———

拖延魔

The Demon
of Procrastination

Faire
se

閉上嘴，動起來。

──福樓拜

et
*taire**

Gustave Flaubert

*Just shut up and do it

我得自首一件事：我也是磨蹭了好久才開始寫這一章。寫一個關於拖延的章節，結果作者自己也拖拖拉拉……這應該可以算是某種揣摩角色心境的手法吧？

現在，當字句不情不願地躍現在我螢幕上的同時，我開始注意到書桌角落有點髒。拖延魔在我耳邊柔聲說：「嘿，你不覺得桌子先擦乾淨，工作起來可能更順手嗎？那邊幾枝鉛筆看來也有點鈍耶，何不把它們削得尖尖的，明天再認真開始呢？哎呀對了，你是不是好久沒刷 IG 啦？」

我們很容易以為，偶爾聽拖延魔說兩句也無傷大雅。牠只是叫你明天再開始畫你的畫，沒叫你別畫呀。然而多少詩歌、戲劇、繪畫，甚至多少人的藝術生涯，就是這樣斷送在牠的誘騙下？拖延的幾秒變成幾分鐘，又變成幾小時，不知不覺間，幾小時就累積成好幾年了。

拖延魔的邪惡力量，來自你內心私密恐懼的黑暗池塘。

有一種恐懼，每個曾經想打造大作的人都經歷過，就是害怕自己根本不是那塊料。你會覺得自己好像是一個不夠格的冒牌貨，一個被幻覺沖昏頭的傻瓜。彷彿一旦嘗試把你的寫作夢、繪畫夢或表演夢化為現實，大家就會一眼看穿你是個騙子。

還有一種恐懼，是關於你想做的作品。要是做出來普普

17

通通怎麼辦？要是比普普通通還爛怎麼辦？你會不會被眾人恥笑，笑這種人居然還自以為有才華？

更有一種恐懼，是害怕過程太艱辛，會不會寫下第一句台詞後，你永遠熬不到寫完最後一幕？你看看身邊你欣賞的作品──小說、戲劇、電影，每一部都如此精緻、如此細膩──你更覺得這種事對你來說一定太難了。

於是你決定先擱到明天再說，夢想也始終停留在夢想。

要打倒拖延魔，我們必須逐一面對滋養牠的恐懼。第一種，覺得自己只是個冒牌貨的恐懼，可以怎麼對付呢？

　　有件事或許能讓你欣慰一點，那就是你絕非唯一有這種感覺的人。翻閱最受尊崇的大師傳記，你會發現，他們幾乎全都在人生某個階段，與自我懷疑非常親近。從事藝術工作的人，往往對人性特別敏感。而人性亙古不變的一點是，我們在旅程途中、人生途中，必然會有喪失自信的時候。

　　二十世紀經典小說之一《憤怒的葡萄》（*The Grapes of Wrath*），是史坦貝克（John Steinbeck）於一九三九年出版的作品，講述美國經濟大蕭條時代，一個關於失落、心碎與忍耐的故事。這部著作為史坦貝克奪下了普立茲獎，也是他日後獲諾貝爾獎肯定的重要原因。很少人會質疑該書的經典地位，但寫作當時，史坦貝克曾在手記裡吐露過自己的懷疑：「我根本不是作家。我一直在矇騙自己與別人。如果我是就好了……沒人比我更清楚自己的無能。」史坦貝克不是一時沒信心而已。這部巨著近乎每一頁，都是他灰心地與能力不足感一再苦鬥，好不容易掙來的成果。

　　也很少人會質疑西斯汀禮拜堂穹頂畫的成就。這些米開朗基羅所繪的壁畫，或許是人類史上最偉大的藝術作品之一。但畫家本人倒是質疑過。畫到半途，米開朗基羅寫了首詩給他的朋友喬萬尼（Giovanni da Pistoia），描述他的苦惱：「我的畫是死的……我不屬於這裡。我根本不是畫家。」

　　世界上唯有兩種成功的創作者：一種會承認自己的不安；另一種同樣不安，只是不會承認。感到不安是技藝精湛的前提。一個隨時隨地都信心滿滿的人，會缺乏批判的敏銳度，難以準確評估和改善自己的作品。關鍵是，別因為不安就放棄做任何東西。

　　記得，無論你多擔心自己技藝不精、能力不足，你仍然站在一個得天獨厚的位置。沒有別的作家或藝術家看見的世界和你一樣，因為沒有別的作家或藝術家是你。就像蘇斯博

士睿智地說過的：「今天的你很你！這句話比真還真！全世界沒人比你更你！（Today you are you! That is truer than true!There is no one alive who is youer than you!）」

當你不再假裝要做，而是真的著手，你就不會是個冒牌貨。拿起你的刷子開始畫，你便是一個藝術家。提起你的筆開始寫，你便是一個作家。不管別人說什麼，都改變不了這件事！

我們的第二種恐懼——怕戰勝了拖延魔也是徒勞，因為作品終將令我們失望——又該如何面對呢？

一個創作點子還只是點子的時候，不受任何執行方面的瑣碎需求影響。它翱翔在天際，美麗無瑕。你自然會害怕，一旦試圖將它創造出來，便會遭遇實務上的重重阻礙，完美的點子也勢必受到破壞。

你想的一點也沒錯。

這是無法用任何安慰之語掩飾的苦澀事實。

你的初稿或草圖也許會很遜，也許會太像在模仿你崇拜的大師。你的成品可能顯得笨拙、枯燥，和原先的靈感猶如雲泥。而且十之八九不夠簡潔。

但至少你已經有個雛形了。你有了可以改進的材料。些許線條，些許字句，一連串筆記……這些都是你著手創作後

才誕生的東西。當然，比起同類型的經典，你的草稿或許粗劣得可憐。但是別忘了，你心目中的典範之作，最初可能也是同樣單薄的草稿。它們是歷經多少精雕細琢、重繪、重寫，才成了今天的樣貌。你也可以這樣雕琢你的作品，只要你先將它化為一件真實的東西。

如果你在創作之初就抱著不一鳴驚人誓不休的企圖，那幾乎是等於在工作室門外掛了一幅「歡迎拖延魔光臨」的布條。純粹為了贏得肯定而創作的空泛虛榮心，很少能帶我們突破藝術路上的第一道障礙——即發現自己能力欠缺處所感到的挫敗。

然而，如果能坦然接受自己最初的成品不見得會是什麼曠世傑作，說不定還頗爛的話，那麼開始的阻力反而就會小多了。

我曾在設計與廣告界擔任過創意總監。每當我的團隊需要迅速想出好點子，而牆上時鐘正逼人地滴滴答答接近時限，我都會請同仁提出他們當下所能想到的最爛點子。辦公室的氣氛會瞬間一轉，品質管控的桎梏拿掉了，而創意開始奔流。我們會放鬆下來，在嘻嘻哈哈中揮灑靈感。要不了多久，我們就會幾乎不經意地，找到一個充滿潛力的好概念。想動起來的時候，你可以把標準定得低一點。

至於滋養拖延魔的第三種恐懼——擔心創作過程太艱苦、太漫長——可以怎麼應對呢？

你一定聽過「見樹不見林」這句話。不過，啟動創作計畫時，見樹不見林也無妨。事實上，別去想森林可能才是上策。森林太廣茂、幽暗、神秘莫測。不如選一棵特定的樹，走近它、觀察它、探索它，然後就從那裡出發。

史坦貝克之所以能度過創作《憤怒的葡萄》的痛苦，靠的就是讓自己一行一行、一頁一頁、一天一天邁進。去想整件工程有多浩大，只會令人萌生退意。他要求自己每天一定要坐到桌前，產出一些字，無論他對寫出的東西滿不滿意。

美國小說家達克托羅（E.L. Doctorow）有句精闢的話，形容寫作「彷彿像是在夜裡開車。你永遠只能看到車燈打亮的範圍，卻能就這麼開到終點。」即使你不確定目的地，那也沒關係，在創作方面，終點不明有時反而有利。英國藝術家布麗姬·萊利（Bridget Riley）觀察道：「人們覺得藝術家一定要有目標。實際上，真正要緊的是有起點。目標在過程中才會發現。」

身為藝術家或作家，讓作品動起來的責任在你自己。你也許會感到一股害怕、懷疑、懶惰等等構成的惰性，但你必須努力衝破它們。起步通常最費力，就像要推動一隻巨輪。然而一旦累積了些許動能，你的作品可能會開始帶著你前進，前往某個始料未及、甚至比你想像中更棒的境地。

假如你運氣絕佳，或許某個時刻，你的角色會自己開口說話，不知哪來的旋律源源不絕從指尖流出，顏料自動出現在畫布上，彷彿你不在場一樣。你好似進入了創作上的涅槃之境，忘了周圍的時空，短暫消融於比你更大的什麼之中。那是創作最美好的感覺之一（所以後面我們還會再提到它），完全足以彌補多少日子自我懷疑的辛酸，而且還綽綽有餘。不過，要是你放任拖延魔繼續作怪，用你的恐懼餵養牠，就無緣體會這種罕見而輝煌的狂喜了。

你會怎麼做呢？

要讓這種心魔繼續趴在你肩膀上，向你碎碎唸些無聊話，害你分心嗎？

還是覺得夠了，現在就一拳趕走牠，開始用最簡單的方法，一步一步、一字一字、一筆一筆，展開你的創作之旅呢？

25

第二章

———

空白魔

The Demon of Blank Page

If I knew where the good songs came from, I'd more

我要是知道好歌打哪兒來，就會更常往那裡跑了。

——李歐納·柯恩

go there

often.

Leonard Cohen

當個藝術家，就必須面對人生最根本的一些問題……

我是誰？

我們為何會在這裡？

我的好點子怎麼都失蹤了？

空白魔是種任性蠻橫的生物，會突如其來襲擊任何對象。不管你態度多認真、志向多遠大、成就多傲人，都可能被牠挑上。你無法預測牠會在哪出沒，但只要你選擇創作，早晚都會遇到牠。

一九四〇年代末至五〇年代初，正是狄倫‧湯瑪斯（Dylan Thomas）名氣最盛的時期。他在美國巡迴，於各大劇院及演奏廳舉辦朗讀會，享受著史上極少詩人享有的國際聲譽。與此同時，他的創作卻開始停滯，六年間僅僅完成了六首詩。而在我寫下這段話的此刻，我兒子正在樓下讀哈波‧李（Harper Lee）的《梅岡城故事》（*To Kill a Mockingbird*）。這本普立茲得獎小說自一九六〇年出版以來，已經被幾千萬、甚至幾億人讀過。然而活到高壽的哈波‧李，一生卻再也沒有發表新作，除了一本據說是在《梅岡城故事》之前就完成初稿的小說。就連梵谷也有段靈感特別枯竭的時期。他在一封一八八四年十月二日給他弟弟西奧的信上說：「你不知道這種感覺多無力，空白的畫布向你投來空茫的眼神，告訴你你一點辦法也沒有。那種癡呆的眼

神會蠱惑畫家，令他們也變成癡呆的人。」如果你好奇音樂家是否也會靈感匱乏，可以看看維基百科上「專輯之間相隔最久」的排行榜。榜首是名號沒那麼響亮的音速樂團（The Sonics），隔了四十八年才發行新專輯。不過查克‧貝瑞（Chuck Berry）、丑角樂團（The Stooges）、小妖精樂團（The Pixies）等大咖也緊追在後，個個都讓樂迷等了二十年以上。

空白魔曾將最家喻戶曉的一些創作者逼到絕望邊緣，甚至推下深淵。沒人能對牠的力量免疫。這種心魔最麻煩的一點，是你愈拼了命對抗牠，就會愈絕望，而你愈絕望，就愈想不出好點子。

　　若要防止這種捉摸不定的惡霸擋路，阻斷我們的創造之旅，我們必須先回答一個令人望而生畏的大哉問：好點子究竟打哪兒來？

　　為了尋找解答，我們得先潛入大腦裡探一探。

　　過去人們習慣以左右腦的概念來理解大腦。左腦被認為是成熟正經的那一半，主掌批判思考、理性以及語言。右腦則好像住在它隔壁的嬉皮，負責抽象、藝術、直覺，滿屋子都是嬉皮最愛的廣藿香精油和曼陀羅圖案。

　　後來，神經科學家投注了大量心血，記錄大腦活動的新科技也相繼發明——這些儀器不知怎麼名字都長得嚇人，不是 functional magnetic resonance imaging（功能性磁振造影，fMRI），就是 high-density electroencephalography（高密度腦電圖，EEG）——拜這些貢獻所賜，我們如今了解到，事實其實更複雜一點。每個人大腦中都有大約八百六十億個神經元，構成一個大網路，聯合運作。運作方式有千千百百種，取決於你在做什麼，而其中多數活動都是橫跨左右腦的。

　　我們可以用一種更好的方式來思考人類的，呃，思考方式。簡單來說，人類主要有兩種思考模式：分析性的（analytical），以及自發性的（spontaneous）。

在分析性思考中，我們會刻意運用邏輯和推理。它是一種由上而下、由自我（ego）驅動的有意識過程。此時我們為了解決某個問題，會借鑑自己過去的經驗，經由一連串步驟，最後推導出一個思量過的結論。我們在學校學到的大多是這種思考模式。它理性、有條不紊、建立在既有的典範上，能協助我們將難題抽絲剝繭，慢慢解決。

自發性思考則是一種非線性、由下而上的過程，獨立於我們有意識的想法之外。它的發生難以預測，彷彿是隨機的，而且有點神秘。正是這類思考讓我們能想出奇招打敗電腦，靈光一閃找到謎底，或結合看似不相干的概念，得到絕妙的新洞見。藝術頓悟也多來自這種神奇的能力。分析性思考是線性推進的；自發性思考則平行發生於思路外，擁有遠大於此的處理能力。想找到靈感、驅逐空白魔，就需要仰賴自發性思考。

至於我們會使用哪一種思考模式——希望你不介意我再講一點神經科學——得看我們前額葉皮質的意思。

前額葉皮質（prefrontal cortex）是大腦的決策中樞。當我們在有意識地思考的時候，就是它在努力工作的時候。它會回顧典範，做出決定，一切都是理性至上。而且它最喜歡分析性思考了。前額葉皮質是評估的好幫手，假如把它比喻成老師的話，大概就是一位熱愛批改作業及考卷的老師。

我們需要借助它判斷一個點子好不好，但它不太可能自己產生妙點子。

問題是，當空白魔來敲門，我們門一開，看見一片無邊無際的靈感荒漠在眼前展開時，通常第一反應就是全力拼下去想點子，拼命啟動前額葉皮質。

不巧這便是最糟的反應。

人們有意識、理性的心智功能全開時，自發性思考的能力會變弱。結果違背本意，不但限制了大腦的處理能力，甚至還更難想出有創意的辦法。

達文西於十五世紀末創作的《最後的晚餐》，被認為是史上最偉大的敘事畫之一。這幅透視法、姿勢描繪、人物呈現的頂尖示範，畫的是耶穌向其門徒預告，他們之中有人將出賣他的那瞬間。

但從達文西的生平故事可以得知，這幅巨作的誕生也並不那麼順利。每天早晨，達文西會走進米蘭的恩寵聖母（Santa Maria delleGrazie）教堂暨修道院，凝視他被委託繪畫的那面牆。然後他會晃進教堂庭園，在花叢樹木間漫步，通常刷子都沒拿起來一下。這種情況持續一陣子之後，在旁緊盯的修道院長不大滿意，便跑到贊助者米蘭公爵那裡打小報告，表示畫家怠忽職守。公爵將達文西召到他的城堡，質問畫家怎麼回事。他以重金禮聘一位著名大畫家替他畫幅壁畫，怎麼搞的牆壁還是……一片空白？

達文西爽快答道：「天賦異稟之人，有時愈不努力，愈能造就傑作。」公爵暫時沒話說了，接著達文西補充解釋，他原先的一個煩惱，是猶大的臉不知怎麼畫。不過他現在發現修道院長是個絕佳的模特兒。

達文西了解到許多偉大的藝術家、思想家、科學家各自

領悟的道理：想尋找靈感時，你不能死命盯著眼前的白紙，需要走開做點別的事。說到底，「靈感」（inspiration）的原意是「吸氣」——深呼吸，放輕鬆。人們緊張、焦慮、恐懼的時候，腦袋會把所有功能關掉，只剩下戰鬥或逃跑的基本生存機制。

一旦停止搜索枯腸，我們大腦傾向的模式，便會從處理能力有限的理性思考，切換到更深遠、強悍、蘊藏洞見的無意識神經網路運作。這就是為何那些「啊哈！」的時刻經常發生在你洗澡、洗碗，或者剛睡醒時。也是為何你絞盡腦汁都記不起的一個名字，總是在放棄思索之後忽然想到。

但請注意了，這裡並不是鼓勵大家把遇上空白魔當成多看兩部網飛影集的藉口。你暫時離開去做的事，必須要夠平靜，才能讓無意識的心智有空間運作。

每當愛因斯坦在數學難題上卡關，他會放下筆，拿起他的小提琴。我本身喜歡在我住的南威爾斯山間慢跑，而許多人則覺得散步一下就相當有效。加拿大作家瑪格麗特‧愛特伍（Margaret Atwood）觀察道：「緩步走走會帶來沉思，沉思則帶來詩。」確實，只要走出門，空白魔往往並不會跟著你。二〇一四年加州史丹佛大學做的一項研究發現，人在行走時，創意發想的能力，比坐下時高了六成。冥想也可能有幫助。有些研究顯示，正念練習（mindfulness）可以

促進思緒自由連結腦中浮現的想法，使人創意提升。

　　不幸的是，現代人從不關機的數位生活，並未留下多少空間供我們做白日夢或休息放空，手機總是擺在附近不遠。每次滑過喜歡的貼文，我們的大腦就多巴胺（dopamine）高漲，迅速沉浸在興奮中；一見到令人憤怒的新聞，又皮質醇（cortisol）暴增，頓時焦慮得坐不住。如果你想獲得靈感，關鍵要務之一，是騰出夠多的時間與空間，讓點子找得到你。

　　另一個擊退這種心魔的策略,是別讓自己成為自己的絆腳石。不難理解,大部分人認為靈感源自我們本身、源自腦袋瓜裡的灰質(grey matter)。沒靈感時,我們會怪罪自己,壓力逐漸累積。而壓力愈大,靈感降臨的機率就愈小。

　　但假如換個重點,從「產生靈感」改成「接收靈感」呢?

　　希臘人便是這樣看待創造力的。生活在古希臘的詩人、藝術家和音樂家們,相信靈感並非來自內在,而是宙斯的九個女兒——九位繆思女神(Muses)的賜予。這時你關注的,不是怎麼從自己糊塗的腦子中榨出新的作品,你只需要注意自己的心情,盡量處於一種對的放鬆狀態,讓繆思願意來拜訪你。

　　今天仍有許多最富創意的作者相信,好點子不是想出來的,而是已經存在於自我意識之外的某個地方。以如夢似幻的黑暗想像聞名的導演、藝術家大衛·林區(David Lynch)就認為,靈感就像魚:「魚不是你做的,而是你抓的。有上億上兆的靈感還在等人捕捉。」創造了得獎影集《邋遢女郎》(Fleabag)和《追殺夏娃》(Killing Eve)的菲比·沃勒布里奇(Phoebe Waller-Bridge),曾在訪問中說:「我一直覺得故事好像就在那裡,飄浮在我的視線邊緣,我需要的只是短短瞥見它。」傳奇音樂製作人瑞克·魯賓(Rick Rubin)則表示:「靈感不是莫名其妙冒出來的,

也不只源自你本身。你會偶然轉到它們的頻道，不經意聽見它們、記住它們、認得它們。」

這類方法不需仰賴有意識、由自我驅動的思考。這麼一來，如同前面的神經科學小講堂告訴我們的，前額葉皮質會停止忙碌，換成自發性思考開始活躍。

藝術家、製作人、作曲家、作家、思想家布萊恩‧伊諾（Brian Eno），無疑是當代最有創造力的人之一。有件事很能激勵人心，那就是即使如他，也不時會遇上空白魔，感覺腸枯思竭。他在日記中形容，那就像置身「深淵邊緣」。

當他遭遇這種不請自來的一片空白，他總會離開工作室——就算有時間壓力——做一件違反直覺的事：跳下深淵。他會放棄再想點子，然而一旦他棄甲投降、交出掌控，通常運氣卻會即刻改變。他寫道：「就在放棄之際，我忽然又充滿活力。」靈感會一點一點回到他身邊，彷彿大勢所趨，而且每次都是在他放棄再找靈感之後。

讓我們姑且假設，你已經暫時抽身，不再盯著白紙看。你關掉手機，出門散步，一邊漫走一邊冥想。你重新定位你的靈感泉源，從自己腦海轉向未知的某處。你的前額葉皮質慢下來，讓自發性思考能夠運轉。你甚至效法伊諾，縱身跳進深淵。假設這一切全都做了，空白魔還是賴著不走，該怎麼辦呢？

這時候，你還有最後一招：換個新計畫。

我知道你一定在想：這個創作計畫弄得我心這麼累，我幹嘛再去重蹈覆徹？如果你被空白魔擋住之後，又啟動另一個類似的計畫，確實有可能再度遭遇不順。但若你拋開目前束縛你的所有規則，隨意嘗試，有時卻會出現驚喜的結果。

安德列‧艾席蒙（André Aciman）著有暢銷全球的小說《以你的名字呼喚我》（*Call Me by Your Name*）。該書後來被拍成電影，還贏得奧斯卡獎。不過，艾席蒙會寫下他的成名作純屬意外。他當時在趕另一本小說，是一部野心很大、難度很高的作品，進展頗為緩慢。某天吃早餐前，他發現自己開始在手記上塗塗寫寫，寫下幾個句子，描述義大利海邊的一棟房子。他對自己說，這只是工作前的休閒，但吃完早餐後，他又拿起了手記。艾席蒙以為他在寫的東西根本不會發表，因此從嚴謹的刪改中解放了。書寫那本受委託的小說時，他為此而備感壓力，現在則是寫得很愜意。於是句子成了段落，段落成了章節，近年最受喜愛的小說之一就這麼問世了。

擁有一個做起來開心、無負擔的「B 計畫」，讓你每天可以進行一點點，不受「A 計畫」的沉重期望影響，是在空白魔的狡詐攻擊下繼續工作的絕佳方法。時間一久，你甚至可能發現兩個計畫的排序對調了。

你永遠料不到這種心魔會何時出現，像個頑固的邊境守衛，擋在你和你的想像力中間。沒有一個創作者能真正甩掉牠。天曉得我寫這本書遇過牠幾次了。

　　如果你正面對抗空白魔，牠只會變得更強大，不如試著接受牠的存在，同時提醒自己總是有路繞過牠。

　　即使未必是你原本想走的那條，也未嘗不可。

第三章

———

懷
疑
魔

The Demon
of Doubt

Imagine
what YOU
would do
if you were confident, and

想像你有自信的話會怎麼做，現在就那樣做。

——穆薩・奧克旺加

（英國作家／足球評論人）

then **do it.**

Musa Okwonga

我還是學生的時候，作文常常寫不出來。我的問題跟一般想像的可能不太一樣。我是個用功的小孩──大部分時候──也想努力寫出好文章，但我就是搞不定第一個句子。每次才寫幾個字，我就會回頭重讀，思考是不是有更好的開篇方法。所以我會把一個毫無問題的起頭作廢，拿出新的稿紙重寫。結果第二版往往比第一版更浮誇空洞，又被我揉一揉扔掉了。

沒過多久，最初的動力已消磨殆盡。我寫了又寫，還是只能產出一堆廢紙、一串過度堆砌的文字，和一種能力不足的抑鬱。真是「快樂」時光呀。

懷疑魔是一種喜歡狂熱監視人的生物。牠會躲在角落，仔細觀察你，等著你開工。你一鼓起勇氣，打破自己和面前白紙之間的僵局，牠就會跳上你的肩，一邊打量你稿紙或畫布上熱騰騰的幾筆，一邊用牠那套老調煩你：「哎呀，動手嘗試是不錯啦，可是這種東西不會太爛嗎？你的能力不只如此吧？」

你要是太快去聽懷疑魔的話，創作衝動便會受阻，你的步調也被打亂。創作過程中，的確會需要批判評估自己的作品，但那應該在更後期的一個階段，我們很容易把它想得遠遠太早了。

柯莉塔·肯特（Corita Kent）是二十世紀最被低估的

藝術家之一。她是位修女，人生很長一段時間奉獻在洛杉磯的聖母聖心（Immaculate Heart of Mary）修道院裡。若你曾於一九六〇年代造訪那裡，大概會在美術教室看到她正專心用絲網印製她設計的繽紛海報，上頭寫著愛與和平的標語。若你沒看過她的作品，不妨去找一找，那也許會完全顛覆你對莊嚴的宗教團體成員作品的預期。肯特的技藝逐漸為人所知後，成為了一位著名的教師。她對創作有套泰然、饒富洞見的方法。我家走廊上還掛了她的藝術系十大守則，那是十條簡單而睿智的道理。

守則八寫著：「不要試圖一面創作一面評估。這是兩種不同的活動。」肯特直覺理解到的事，如今已被神經科學證實。現在我們知道，想像和評估分別發生在不同的腦區。愈是混淆這兩種活動，我們愈難把兩者做好。

還記得我們的好朋友——前額葉皮質嗎？我們在第二章提到，它是大腦的決策中樞。前額葉皮質負責動員我們的批判能力，讓我們能評估一件作品，思考哪裡不夠好、能怎麼加強。科學家發現，當你的前額葉皮質被「關掉」（他們可以用一種叫「經顱直流電刺激」〔transcranial direct current stimulation〕的技術做到這一點，說白話就是讓你戴上一頂像浴帽的東西，用電脈衝轟炸你的腦袋），你會停止審視東西夠不夠好，變得更有創意。

　　爵士樂手即興演奏時，前額葉皮質的活動會顯著減少。這個區域在睡眠時較不活躍，所以夢才這麼多采多姿。它也是大腦最晚發育的部分，青春期晚期才會漸趨成熟，正因如此，孩童的想像力總是特別豐富。

　　前額葉皮質可說是懷疑魔在你腦中的代理人。想要壓過它的力量，盡情發揮創意，你得先和懷疑魔打個商量。這種心魔永遠不會完全消失，而且稍後我們會看到，評估作品時，牠還能成為你的幫手。所以你可以對牠說：「好了好了，你想問很刁鑽的問題沒關係，晚點隨便你問。但現在請你先出去好嗎？我準備好了再讓你進工作室。」

　　接下來你就能真正開始了。

51

這下懷疑魔已被逐出工作室，至少一時片刻進不來，你可以放手創作了。盡你所能拋開顧慮、大膽冒險、潦草寫、隨興畫，跟隨你天馬行空的狂想去任何地方。你不必注重細節，不必在意整潔，但最好記得選擇可以快速打草稿的工具。如果你是設計師，先把昂貴的設計軟體擱一邊，拿起你的鉛筆。如果你是作家，別寫一寫又回頭讀，總之寫下去就對了。嘗試你想得到的一切可能，當你覺得夠多了，就再創造幾種。如同發明家愛迪生說過的：「當你窮盡了所有可能，請記得：『你還沒』。」

你最早的點子，也就是最輕易想到的那些，有時候會過於顯而易見。所以繼續往草叢深處找尋，蒐集最稀奇古怪的概念吧。

除了以量制勝，你也可以挑選一天之中，你的前額葉皮質轉得最慢的時候工作。換句話說，就是它有點昏昏沉沉的時候。若你早上精神比較好，試試看在夜裡工作；若你的腦筋好像愈晚愈靈光，試試看早一點開始。研究顯示，這種違反直覺的做法，經常會帶來有意思的歪點子。

如果這個初始階段 —— 放手創作的階段進行得夠順利，你會開始陶醉在工作中。有一種狀態叫「心流」（flow），是心理學家米哈里·契克森米哈伊（Mihaly Csikszentmihalyi）首先提出的，指的是當你全神貫注於

手上的工作，感覺好像時間暫停了，周圍的世界也消失了的時候。文字彷彿憑空撒落在稿紙上，畫作主動現身，旋律自己寫下自己。你好像成了某種管道，讓超越你的創造力泉湧而出。腦神經學家奧利佛．薩克斯（Oliver Sacks）曾描述這種經驗，收錄在他二〇一七年的著作《意識之川流》（*The River of Consciousness*）中：「那種時刻，我感覺在我書寫的同時，思緒似乎自己排列整齊、魚貫而出，並且於瞬間穿上最合適的文字外衣。我彷彿能繞過或越過我大部分的性格和心理問題。寫作的既不是我，又是我最深層的部分，至少是最好的那部分。」

創作心流的輝煌境界，唯有把懷疑魔推出工作室以後才可能達到。研究還發現，這種狀態屬於甚少見的、我們腦中最令人愉悅的六種化學物質會同時釋放的情境之一。這六種神經傳導物質——正腎上腺素（norepinephrine）、多巴胺、腦內啡（endorphins）、血清素（serotonin）——大麻素（anandamide）和催產素（oxytocin）、此時都會升高。這就是為什麼無懼揮灑創意的時候，我們會感覺如此良好（也就是為什麼後面的第八章，我們還會回來談這種感覺）。

或早或晚，你會完成你的第一份初稿或草圖。它或許太亂、太長、缺乏新意、夾雜錯誤，但至少它存在，是一件超越了你、獨立於你的事物。現在是時候開門讓懷疑魔進來了。牠可能已經在外頭等得不耐煩，叼著一根菸晃來晃去，就想找個機會進門。但是，如果你放任牠全力找碴，用負面想法轟炸你，你對於自己脆弱作品的小小信心恐怕會消失無蹤。所以說，你最好自己開出條件，只准牠提三個簡單的問題。

你的作品真誠嗎？

你是否誠實做出了你想做的作品，不畏懼人們將如何看你？你是否盡了全力，以最貼近你的聲音說話？你是否將你要傳達的真實，以你獨特而原創的形式傳達？世界上究竟有

沒有真正的「原創」，雖是值得討論的，但我也聽過有人說，了不起的作品能「用令人驚豔的方式，傳遞簡單的真相」，我認為這是個很棒的目標。

你的作品充分發揮媒介的特性了嗎？

說來理所當然，但我們和一幅畫互動的方式，與面對一部小說、一張專輯或一齣戲都不一樣。每一種媒介，都為藝術家提供了其他媒介做不到的可能。為世界帶來突破的，通常是將這些可能發揮到極致的作品。

我有次聽見披頭四的製作人喬治·馬丁（George Martin）受訪，談到一九六七年的專輯《胡椒軍曹寂寞芳心俱樂部樂隊》（*Sgt. Pepper's Lonely Hearts Club Band*）錄製時的故事。披頭四走進艾比路（Abbey Road）錄音室錄那張專輯前，音樂人普遍相信，錄音者的任務就是忠實錄下最好的一次現場演奏即可。但馬丁解釋道，由於那時的披頭四擁有預算幾乎無上限、且毫無時間壓力的奢侈，他們開始將錄音室本身當作一項樂器，實驗只有這種環境下做得出的聲音，例如疊錄（overdubbing）、改變播放速度（varispeed）、自動雙軌錄音（automatic double-tracking）。正因為如此，《胡椒軍曹》可能是披頭四所有專輯中，對後世影響最深遠的一張。

你作品中的每個元素都值得存在嗎？

我們習慣把創作想成一種增添的過程。我們令原先不存在的東西誕生，創出角色、故事，加上顏色和光線，造出形體。但創作同時也該是種刪減的過程，你句子裡的每個字，都應該要使這句話更清晰、更有力。你素描中的每一條線、油畫中的每個筆觸，都應該有助於強化整幅畫的氛圍與含義。如果某項細節沒有加強之效，那就是在稀釋你的作品，最好考慮將它拿掉。「每件事物都藏住了別的事物。」西班牙名導布紐爾（Luis Buñuel）如是說。

一九四五年，畢卡索創作了一組十一幅的版畫，每幅都以一頭公牛為主角，且為前一幅的演進。公牛系列就像一扇窗，供我們一窺這位二十世紀最偉大的視覺藝術家是如何創作的。

第一頭公牛畫得挺像的，但沒什麼獨到之處。沒有什麼特點使這頭公牛不同於成千上萬藝術品中的公牛。於是畢卡索重畫了一頭，這回不那麼仿真，多了點神話色彩。接下來幾幅畫裡，他的工作方法比起畫家，更像一位屠夫，將形體大卸八塊，探索公牛的解剖學構造。系列最後幾幅畫中，他移除了明暗對比的區域，只留下最必要的線條。終於在第十一幅，他端出了系列中最簡單的圖像——以洗盡鉛華的形式呈現的公牛精髓。一頭具有鮮明畢卡索風格的公牛。

　　畢卡索愈是大刀闊斧砍除細節，他筆下的公牛變得愈獨特及原創。確實，我們經常不是在創作時，而是到了編修時，才初次找到自己獨一無二的聲音。

　　就像這本書裡其他不少心魔，懷疑魔也能成為我們打造好作品的助力。這點很幸運，因為牠幾乎從不會真正離去。但何時要放牠進工作室，何時叫牠乖乖去外頭等，始終操之在你。

第四章

———

守舊魔

The Demon
of Convention

In the beginner's

are many

but in the

初學者心中充滿可能性，專家心中卻寥寥無幾。

——鈴木俊隆（世界禪學大師）

mind there

possibilities,

expert's

there are few.

Shunryū Suzuki

狗怎麼叫？

如果你跟我一樣母語是英文，可能會回答「嗚甫嗚甫」（woof-woof）。但若你來自阿爾巴尼亞，也許會說「哈姆哈姆」（ham-ham），或者峇里島的「空嗚空嗚」（kong-kong）、希臘的「嘎甫嘎甫」（ghav-ghav）、泰國的「洪嗚洪嗚」（hong-hong）、威爾斯的「沃夫沃夫」（wff-wff）……世界上有多少種語言，幾乎就有多少種形容狗叫聲的方式。

而且沒有一種是真正符合的。

也許你會遇見一兩隻叫起來還真是「嘎甫嘎甫」或「洪嗚洪嗚」的狗，但我們大部分的犬科朋友，叫聲都各不相同。只不過，我們從小就學到自己母語中，形容狗吠的狀聲詞是什麼。久而久之，狗叫聲在我們耳朵裡就變成那樣了。即使一隻狗叫了別的聲音，我們也聽而不聞。

不只狗吠如此。我們在塵世中打滾愈久，累積的認知包袱就愈多。我們感知事物的方式逐漸僵化，愈來愈難看見它們實際的樣貌，也愈來愈容易被守舊魔騙倒。這種心魔總是希望我們走同樣的老路，都不要開疆闢土最好。

守舊魔也許是最常擋在「佳作」與「傑作」之間的心魔。就算牠一路上都在你旁邊蹓躂，你還是能成為合格的創

作者。只要你能取代同一領域裡其他安於現狀的中等作品，應該就能享受還不錯的創作聲譽。但假如你是滿足於「還不錯」、願意永遠守在「合格國」的人，大概也不會拿起這本書來讀了。

我們每個人腦袋瓜裡，都裝著這顆星球上最複雜的一種生物機器，裡頭的神經元數量幾乎可比銀河系中的繁星。大腦這個器官，讓我們都有潛力產生無邊無際的創意。那又是為什麼，每當守舊魔悄悄接近，我們總是那麼輕易就被牠戴上了馬眼罩，而再也看不見旁邊其他可能了呢？

理由有二，一個在腦神經方面，另一個在社會方面。

第一次體驗新事物的時候，我們會打開所有感官，注意到各種細節。但不必多久，新鮮的衝擊便會暗淡下來，化成熟悉的隆隆背景聲。這種適應力對於日常生活相當實用，因為如果醒著的每分鐘，我們都像初來乍到一樣和周圍互動，恐怕會落得一事無成。想像一下，要是你每次去煮咖啡，都為水壺冒出的蒸氣瞪大眼睛讚嘆不已，彷彿嗑了迷幻藥，那還有辦法工作嗎？

因此，我們大腦的作業系統會不斷更新，把最常使用的那些程式，設定為幾乎想都不用想，就會自動在背景運作。我們做事的習慣被腦神經迴路固定下來，而我們的預設模式便是自動駕駛。這非常有助於讓我們在日常的環境中，以最

少的能量正常工作，但需要原創思考的時候，卻可能使我們不知所措。

　　有個著名的認知能力測試，叫做「蠟燭問題」，是德國心理學家卡爾‧敦克爾（Karl Duncker）於二十世紀中期首創，後來又被許多研究者重複應用。研究者會發給參與者一支蠟燭、一盒火柴與一盒圖釘，請他們想辦法將蠟燭固定到牆上點燃，而且不能讓蠟油滴到地板。大約有四分之三的參與者會失敗，他們試著用圖釘或融化的蠟油來固定蠟燭，但兩種方法皆無法成功。

解決辦法是把圖釘倒出來，將空盒釘到牆上當架子，再把蠟燭放上去點燃。大部分成人的認知中，盒子就只是盒子，是用來裝東西的。他們沒想到盒子也能當架子用，因此解不開蠟燭問題。科普作家雷納・曼羅迪諾（Leonard Mlodinow）在他二〇一八年的《放空的科學》（*Elastic: Flexible Thinking in a Time of Change*）中提到，有學者曾在亞馬遜雨林的一個部落進行此實驗，發現不熟悉這些物品設計用途的部落族人，解開問題的機率反而高了不少。

蠟燭問題清楚說明了我們的思考模式有多一成不變，多難跳脫長年下來綁住我們想像力的成規。這也伴隨一個不幸的結果，就是我們的思維愈僵化，自己愈不會察覺。

我們對守舊魔毫無抵抗力的理由之二，在於人是群居動物，被制約要和大家做一樣的事。我們出於本能，害怕難堪或丟臉。

一九九八年夏天，北英格蘭的里茲大學（University of Leeds）有十三位藝術系學生正在準備即將到來的畢業展。他們每人都獲得一筆資金，作為呈現大學階段學習成果的經費。這筆錢是供他們購買材料、佈置展覽、製作型錄、採購藝術活動一般都會提供的便宜白酒之用。活動前一週，系上老師泰瑞・阿特金森（Terry Atkinson）收到一張令

人擔憂的明信片。上面寫著：「抱歉，我們沒辦法參加週二晚上的討論了。我們正在努力準備——開幕當晚見。獻上很多愛，三年級全體敬上。」明信片是從陽光燦爛的西班牙小城馬拉加（Málaga）寄出的。

到了開幕那晚，阿特金森害怕的事果然發生了。場地裡空空蕩蕩，只放了一大壺桑格利亞水果酒，和一台播出佛朗明哥舞曲的音響。來看展的家長、朋友和老師被巴士載到附近的機場，目瞪口呆地望著一群曬成古銅色的三年級生蹦蹦跳跳跑出來。他們竟然把畢業展的經費拿去度假了。

雖然技術上說起來，學生們沒做什麼犯法的事——他們宣稱這趟假期就是他們的畢業作品——這件事依然引爆了全國衛道之士的怒火，「里茲十三人」遭到輿論砲轟，只得躲起來避風頭，報紙齊聲以「大學生騙經費遊西班牙」等頭條譴責他們。

幾天後，事件出現了極妙的轉折。這幾個引起全國熱議「什麼才能稱為藝術」的大學生，揭露整件事其實是一場惡作劇，他們根本沒去西班牙。老師收到的明信片郵戳是假造的，媒體瘋狂引用的那張海邊嬉戲照，是他們在約克郡某個沙灘拍的。他們的古銅色皮膚是用借來的日曬機（sunbed）曬出來的。畢展經費一毛錢都沒花。

就這樣，他們用看似忤逆藝術成規的一個動作，展示了社會多麼執著於這些成規，要是有人膽敢挑戰這些老規矩，

又會受到多麼毒辣的對待。

由此可知，我們承受著雙重打擊：腦中的迴路傾向省力、凡事按照習慣來就好；生活的社會又將打破規則者視作不宜為伍的危險分子。這種條件下，我們還能怎麼甩開守舊魔鑄造的鐐銬呢？

首先能採取的一個重要步驟，是意識到我們偏好沿用老方法這件事。想點子的時候，我們更常思考的途徑是如何在現有基礎上增添細節，因而限制了我們的創意。二〇二一年，《自然》（Nature）期刊登出的一篇論文，便在探討此現象。他們發現，人面對問題時，更常使用加入新元素的方式解決，就算拿掉舊元素其實更簡便有效。某個實驗中，他們請參與者看一幅圖，然後透過添加或刪除色塊，使圖形變成對稱的。九十一位參與者中，只有十八人用刪除的。這種偏好加法的天性，導致我們容易採用繁複、冗贅的手段。我們學騎腳踏車的時候，爸媽可能都是先幫我們裝上輔助輪，這種做法持續了好幾代，讓你可以輕鬆開始學騎車，只不過輔助輪一拿掉，通常問題就來了。現在的小孩已經不用輔助輪了，他們騎的是滑步車（balance bike），一種連踏板都拿掉的腳踏車，往往玩著玩著就會騎了。

我們綿羊般的從眾習性，也經常因教育而加深。學校

教我們事實、公式,教我們某種做法才是對的,儘管其他做法同樣能求得答案。我們被鼓勵引經據典,勝過於另闢蹊徑,這或許部分解釋了為何年紀愈大的孩子,在創意測驗中平均得分愈低。不意外的是,最了不起的一些創新者都是自學起家的。如果矽谷哪天也建了一座拉什莫爾山(Mount Rushmore,俗稱美國總統雕像山)──但拜託不要──山上刻著的大頭必然會包括史蒂夫‧賈伯斯(Steve Jobs)、比爾‧蓋茲(Bill Gates)和馬克‧祖克柏(Mark Zuckerberg),而他們幾位全都是大學輟學生。

跳出思想窠臼的能力,不僅有助於在藝術上創新,也是演化上之必需。有個迷人的理論,在說明為何動物界有極多「癮君子」。除了大象和鳥會吃發酵果實吃到醉倒、貓為貓薄荷瘋狂等等為人熟知的例子,還有小袋鼠(wallabies)會啃罌粟花、鳥類會嚼大麻籽,甚至海豚會故意驚嚇河豚,把河豚毒素當興奮劑嗑。該理論認為,動物的行為經常落入一成不變僵化模式,導致牠們在環境改變後無法適應。攝取刺激物質能協助動物「去模式化」,發現平常行為模式下無法發現的東西──譬如新的食物來源或交配場域──長期下來可能反而對整個物種的演化更有益。

與此有點類似的是,科技業領袖圈近年也流行起以「微量食用迷幻藥」來提升創意。微量食用的概念,是攝取極少

量的 LSD 或裸蓋菇素（psilocybin）。劑量要能使平時沉寂的神經迴路活躍起來、產生奇葩的點子，但不能多到讓你覺得上帝現身在你的大杯熱拿鐵裡。每個人體質不同，必須自己摸索才知道多少劑量合適，而試行錯誤的過程想必也會使不少董事會變得格外有趣。

當然了，即使服用最少量的藥物也可能造成危險，而且在世上多數國家是違法的。既然如此，有什麼別的方法能讓我們從舊習的桎梏中解放，而不必造訪暗網、用辛苦賺來的比特幣換一袋真空包裝的迷幻藥呢？

一個實用的技巧是反向思考。大部分創作領域，都有一套人們廣泛接受的原則，被認為是以該媒介創作的基本前提。舉例而言，藝術家親手打造作品，小說家遵守文法規則，音樂家用一系列刻意選擇的聲音構成樂曲。反向思考時，你得先找出這些舊有原則，再嘗試反向操作，看看結果會如何。

典範轉移（paradigm shift）需要的正是這類思考。馬塞爾·杜象（Marcel Duchamp）開啟觀念藝術元年的作品，不是他在工作室精心完成的東西，而是他從工廠買來，簽上「R. Mutt」[1]的一個小便斗。幾年後的一九二二年，詹姆斯·喬伊斯（James Joyce）為文學經典投下一顆震撼彈，即幾乎玩弄每條語言學規則的小說《尤里西斯》（*Ulysses*）。一九五二年，作曲家約翰·凱吉（John Cage）永遠改變了人們聆聽音樂的方式，他的曲子要求台上樂團持續四分三十三秒不要演奏。

布萊恩·伊諾的日記裡，記錄了他的藝術家朋友彼得·史密茲（Peter Schmidt）的一番話，說應該「不做那些沒人想過不做的事。」一旦你想通這句繞來繞去的話，你會發現這是個很好的出發點，或許你也能將之應用於你的領域。有什麼環節是你和其他同行一定會做的？如果你不做會發生什麼事？

守舊魔最愛的東西就是慣例，牠在熟悉的環境裡最開心。想要打發牠上路，你有時只需要自己上路。暢銷作家馬修·席德（Matthew Syed）有本很棒的書，叫《叛逆者團隊》（*Rebel Ideas*），其中提到經濟學家彼得·凡多（Peter Vandor）的一項研究。凡多在某學期開始前及結束後，請一群大學生發想商業點子，他們一半人在該學期出國遊學，另

71

一半人在國內讀書。結果，出國組的點子所獲評分，比國內組高了百分之十七，而且經過一個學期後，國內組同學的點子品質還下滑了。

另一個實驗裡，學生需要進行一個創意聯想測驗。測驗前，一半人被要求想像如果他們住在海外，生活會是什麼樣子，另一半人則被要求想像在家鄉的生活。最後，第一組測出的創意分數，比第二組高了百分之七十五。

穿越國門並非通往創意唯一的路，穿越類型也是條好途徑。頻繁接觸非你領域的新作品，往往能催生意外且豐饒的異花授粉之作。

檢視任何一位創造力持續不衰的藝術家或創作者生平，你會發現，他們都有驅逐守舊魔的獨門方法。音樂人及表演家大衛‧鮑伊（David Bowie）認為，重點是不要耽於安逸：「如果你創作的領域感覺起來輕鬆自在，就表示那個領域不適合你。你始終得往深一點的地方去……往稍微踩不到底的地方去。覺得腳搆不著的時候，你大概就能做出刺激的東西了。」藝術家查克‧克羅斯（Chuck Close）相信，關鍵不是「解決問題」，而是「製造問題」：「問自己一個夠有趣的問題，為了找出專屬於你的答案，你很快便會走到一個唯有你一人獨行的地方。」

最近幾年，創作社群出現了不少焦慮的討論，是關於人工智慧（artificial intelligence，AI）的崛起，和藝術工作者被電腦取代的恐怖前景。如今已有程式能幫人作曲、編劇、寫故事、畫畫像、設計商標了。如果你也是靠創意吃飯的人，你可能會為此寒心，但其實大可不必。這類的程式，仰賴分析成千上萬某類型的作品範例。從中歸納出特定模式後，即可利用這些模式和演算法，生成新的同類型作品。然而，此種「創作」本質上就是衍生的。電腦永遠只能模仿以前做過的東西，無法開創新局。電腦無論做什麼，都離不開守舊魔。

而你卻可以。

---

[1] 杜象的假名發想自他購買馬桶的莫特（Mott）鐵工坊。他將之改成當時美國漫畫《穆特與傑夫》（*Mutt and Jeff*）裡，小矮個兒穆特先生的姓氏，並加上理查（Richard，法文中亦指「有錢佬」）的首字母。

第五章

窒礙魔

The Demon
of Constraints

Every *wall*

每道牆都是一扇門。

——愛默生

is a gate.

Ralph Waldo Emerson

就在我寫書——或說嘗試寫書的當下——一場疫情正於全球爆發。憂慮瀰漫在空中，彷彿積蓄的靜電。我家小孩都居家上課了，只要沒沉迷在電子毒品裡，就會每隔三分鐘來找我。我的書桌就擺在樓梯旁，位處於通往家中各個角落的大道上。每次我一離座，家裡的貓就開心地溜過來，帶著報復的惡意跳上桌，把我的書稿全弄亂。我座位正對的牆上貼著磁磚似密布的黃色便利貼，上面寫滿了我的章節大綱，每一張單看都很有潛力，可惜組合起來卻好像都鐵了心，怎麼也不肯變成流暢的文字。

於是我開始胡思亂想。

我幻想閉關到高山上的一間靜謐書齋，獨坐在與世隔絕的美景中。我古色古香的北歐木桌正對直達天花板的落地窗，窗外是一片啟發文思的奇麗景色。我決定我的落地窗要可以對開，外面有座陽台。每當我結束一早晨充實的工作，便會坐到那裡沉思，享受平靜的滿足。我的書齋裡沒貓，沒小孩，唯一的同伴是位佛教高僧。他會用智慧之言為我指點迷津，還碰巧很會調馬丁尼。

如果我的山間寫作夢成真，這本書會比較好看或比較好寫嗎？我無從得知，畢竟我拿到的預付版稅，大概只夠買盒新鉛筆！不過，有些研究分析了人受限時與自由時的創意表現。從結論來看，我要是跑去山上，寫書也不會變簡單，搞

不好還更難。

　　窒礙魔幾乎總會變出某些花樣來擋你的路，你不跳過、繞過或打破它們，就無法實現目標。牠可能是各種搗蛋的心魔中，創意最豐富、花招最多的一種。但說來奇怪，牠可能也是最有益的心魔。當我們真的遇上少之又少的機會，可以毫不受限地工作——方向自由、心思自由、有錢有閒、所有材料盡在手邊，過多的可能性反而會使我們無所適從。即使還做得出作品，也可能缺乏新意。我們沒有面對新挑戰，不必改變想法或做法，所以只會做出和以往差不多的東西。另一方面，如果窒礙魔太熱情，為我們設下太多關卡，我們的創作路當然也可能被它完全堵死。

要怎麼和這種心魔共舞，又不被牠絆倒呢？

首先你得知道，創作者通常會遇到兩種阻礙，一種是想像的，一種是真實的。如同我們已經看到的，人即使在最沒靈感的時候，也想得出千百種不能工作的理由。我們能舉出各式各樣的抽象束縛，告訴自己因為這樣那樣，我們才無法創作。怎麼清除自己想像中的障礙，是本書其他章節處理的內容。至於真實、具體的阻礙，則需要用別種方法對付。

我想和你分享兩個故事，來說明無論窒礙魔佈下了多嚴峻的路障，你都有繞道的辦法。

克里斯·威爾森（Chris Wilson）是一位英國出生、人生大部分時間在美國度過的藝術家。纏繞他童年的破碎關係與虐待行為，使他走向了海洛因及快克古柯鹼（crack cocaine），而後兩者則使他吃了牢飯。某段獄中時期，他成功戒毒。終於撥開一直以來使他原地踏步的毒品雲霧後，威爾森感到一股想以視覺表達自己的強烈衝動——他想畫畫。

但遺憾的，聖昆丁州立監獄（San Quentin State Prison）並不特別推崇藝術課，因此威爾森取得繪畫材料的嘗試每每受阻。紙比較容易弄到，但顏料和畫筆則沒那麼簡單。身為曾在社會邊緣打混的前毒癮者，威爾森發揮他臨機應變的本領，找到了鑽出死胡同的路。他發現可以用彩虹糖

（Skittles）作畫。拿四、五顆相同顏色的彩虹糖，壓碎之後加上一點水、一點牙膏，就是相當堪用的彩色顏料了。

接著，他再把食堂的塑膠刀尖端加熱，夾進一撮自己的頭髮折起來，就得到了一支畫筆。於是沒過多久，威爾森就擁有了一個更知名的外號，叫「獄中達文西」（Prison Da Vinci）（網路上有部關於他的影片，也叫這個名字）。他現在回到英國，已是職業藝術家。

彩紅糖

　　還有一個非常勵志且厲害的故事，主角是吉倫・加拉賀（GuilhemGallart）。法國嘻哈樂迷可能更熟悉他的綽號「Pone」，他曾以製作人的身分，操刀了幾張九〇年代法國最熱銷的饒舌唱片。二〇一五年，經過一連串原因不明的病痛，加拉賀被診斷出罹患了肌萎縮性脊髓側索硬化症（ALS，amyotrophic lateral sclerosis），即俗稱「漸凍症」的一種運動神經元疾病。這個消息對他來說無疑晴天霹靂。ALS 無法治癒，只會逐漸惡化，它會緩緩偷走一個人的運動能力，直到他們無法移動或開口說話。這麼沉重的打擊會令許多人放棄希望，但加拉賀並未如此。儘管四肢癱瘓，只能眨眼，必須仰賴進食管和呼吸器維生，他卻展現出不輸以往的強大創造力。他不僅開始經營一個部落格，希望幫上其他病友和家屬，更在二〇一九年創作了一張受凱特・布希（Kate Bush）啟發的新專輯，後來更獲得這位英國才女歌手本人的背書。目前，他正在寫一本童書。他的樂曲與文章全是以同樣辛苦的方式寫下的：一個字一個字、一個音一個音，透過眼動追蹤程式緩緩譜出。

　　窒礙魔放在我們路上的障礙，很少會像威爾森或加拉賀面對的那般艱難。我們的命運通常不至如此乖舛，不會經歷囚禁，無論是在囹圄之中或自己身體裡。儘管如此，我們總是免不了遇上其他阻礙。

但有沒有可能，這些阻礙反而使人做出原先做不出的好作品呢？

有些廣為流傳的故事證明了的確有這種可能。例如貝多芬因為耳疾，反而超越同代的作曲常規，寫下他深受後世讚揚、實驗性較濃的晚期作品。又如馬諦斯（Henri Matisse）著名的剪紙藝術，是由於他癌症手術之後，無法久站作畫而誕生的。

不過，也有許多流傳沒那麼廣的故事。

莫里斯‧桑達克（Maurice Sendak）的《野獸國》（*Where the Wild Things Are*），是史上最經典、最熱銷的繪本之一。桑達克筆下的小男孩阿奇，和有著可怕的吼聲、可怕的牙齒、可怕的眼睛、可怕的利爪的野獸們的故事，擄獲了眾多大人小孩的心。但大部分讀者不知道，這本書的雛形叫《野馬國》（*Where the Wild Horses Are*）。只是，桑達克的編輯娥蘇拉‧諾斯壯（Ursula Nordstrom）不怎麼賞識他畫的馬，她一邊翻著初稿一邊問他：「我說莫里斯啊，有什麼你比較**會畫**的東西嗎？」桑達克說：「怪東西！」（Things!）。事實證明他果然非常會畫。

近年有支令人驚豔的 MV，是日本獨立樂團 Sour 為他們的歌曲〈每天的音色〉（日々の音色，Hibi No Neiro）所做，你應該上 YouTube 找來瞧一瞧。影片創作團隊透過視訊鏡

頭，錄下了嚴密編排過、由八十位樂迷分別呈現的一系列動作。然後經過數週、數月的剪接，將異地畫面拼成一幅精巧迷人的動態織錦。這支 MV 無疑可以打進迄今最有創意的影片之列，不但橫掃了無數獎項，還被幾座美術館納入永久收藏。但之所以會有這隻影片，還得多虧他們當時遇上的障礙。

那時樂團成員在日本，導演和創作團隊遠在紐約，壓根不曉得要怎麼突破幾千公里的距離和微薄的預算，拍出一支 MV。創意總監哈爾・科克蘭（Hal Kirkland）說，他們最後「不再去想缺少的東西，開始思考用現有的東西能做什麼」，接著便想到了這個點子。

打倒窒礙魔的秘訣就在這裡。你得練習改變思考框架：不再盯著缺憾，開始看見良機。

關於這點，我能想到最好的例子之一，是攝影家賈姬・肯尼（Jacqui Kenny）的作品。我最早是在 Instagram 上看見她貼的風景照。照片裡的角落遍及全球各地，從塞內加爾到智利，從蒙古到美國。她的影像詩意、安靜、惆悵，色調柔和，運用了不少粉彩色。作品裡極少出現人影，也因此感覺份外寧靜，用的都是很廣的鏡頭，拍的常是路旁的場景。光是上述特點，就足以讓我按下「追蹤」了。

追蹤之後，我才發現一件不可思議的事。肯尼「拍攝」這

些照片的期間，從來沒出過一次門。她的 Instagram 名字叫「廣場恐懼症的旅人」（The Agoraphobic Traveller），而且其來有自。喜愛攝影和旅行的肯尼，患有畏懼開闊空間和陌生場所的焦慮症，使得她難以走出她位於倫敦的公寓。於是，她開始用 Google 街景服務探索世界。每當她看見吸引她攝影家之眼的景象，便會存下螢幕截圖。今日她的帳號已有十三萬追蹤者，作品曾在世界各地展出。肯尼解釋道：「就算你被缺陷束縛，也不必放棄目標。缺陷決定不了你是誰，你有時還能善用它們。」

日本武術合氣道的一條基本原則說，當你不再抵抗某事物，它就無法再對你施加影響力。我們愈是怨嘆沒時間、沒錢、沒材料，愈覺得被它們死死擋住。早一點接受條件就是這樣，則早一點發現其他道路。雖然聽起來好像和直覺相反，但研究證實，人愈是受限，反而愈有創意。有個實驗測試了一群大學生，請他們構思新的發明。其中一組學生被指定必須納入一組隨機元素，例如一個鉤子、一個球體、一個環圈；另一組被限制了發明種類，例如家具、電器或玩具；第三組人既要納入某些元素，又要符合某個種類。結果，元素和種類都沒得選的學生，想出了遠比另外兩組更新穎、原創的點子。

布克獎得主喬治・桑德斯（George Saunders），在

紐約州的雪城大學（Syracuse University）教寫作，他很喜歡用一個練習，來迫使學生開拓寫作上的新疆域。他會要求學生在四十五分鐘內寫出一個故事，長度必須不多不少兩百字，其中不同的單字不能超過五十個。桑德斯發現，這種限制下，學生交出的故事更活潑、更精彩了。而且矛盾的是，這些作品還比他們平時的書寫更具特色。桑德斯不太確定為何練習效果如此之好，但他認為部分原因在於，限制可以將學生震出舒適圈，打破他們對於自己文筆的成見，不得不尋找新的表達方式。

因此，窒礙魔其實能成為我們的盟友。你可以探索你領域的大師是怎麼創作的，你應該會發現，隨著時間，許多人走向「用愈來愈少，做愈來愈多」（more and more with less and less）──這是套用了藝術家瑪莉娜・阿布拉莫維奇（Marina Abramovic）對創作的灼見。他們刻意定下限制性的條件，迫使自己挑戰極限。自我設限之下，他們的聲音卻益發嘹亮了。

你也可以自己試試這種做法。檢視你的創作百寶箱，找到你最愛用的道具。如果你是畫家，你最常用哪種顏色？如果你是作家，你寫作都用第幾人稱？如果你寫歌作曲，哪個和弦是你的最愛？找到之後，試著不用那種和弦、顏色，或以其他人稱創作看看。

　　沒有窒礙魔的世界只存在於幻想中，那個世界有位於山頂的夢幻書齋，還有會調雞尾酒的高僧。每個人都必然會遇到窒礙魔來敲門的時候，但與其拼命想趕走牠，你不如邀牠進來坐坐，讓牠幫助你和你的作品更上一層樓。

第六章

———

批評魔

The Demon
of Criticism

To avoid criticism,

do

say

and # be

想不被批評，
你只能什麼也不做、什麼也不說、什麼也不是。

——阿爾伯特·哈伯德

（美國著名作家／出版人）

nothing,

nothing,

nothing.

Elbert Hubbard

　　關於創作藝術，我很喜歡菲利普·加斯頓（Philip Guston）的一句話。他說：「當你作畫的時候，工作室裡不是只有你一個。還有一大群人圍著你——你的老師、朋友、歷史上的畫家、評論家……如果你真的在畫，他們會一個一個走開。如果你真的在畫，最後**你自己**也會走開。」這句話精湛捕捉了創作順利時的感受，你會覺得身旁的世界逐漸隱沒，沉醉於過程當中。但加斯頓睿智的觀察，也透露了一個隱藏問題：等你脫離這種狀態，那群人還是會跑回來。

　　甚少作家、作曲家、藝術家純粹為自己而作。我們創作是為了自我表達，而只有當聲音被聽見了，表達的動作才算完整。不用懷疑，等你寫完你的小說、錄完你的歌、掛起你的畫，批評魔絕對會像個現代政客一樣，帶著大聲公前來，使出渾身解數，煽動你心裡的評審團用各種聲音轟炸你。他們每位可能都有自己的高見。也許有些人——希望如此——覺得你的作品非常棒，有些人則覺得爛透了。然而，批評魔會運用奸詐的伎倆，讓你忘記前一群人的聲音，卻把後一群人的批判看得比山還重。

　　在 Instagram、推特、臉書、YouTube 當道的今日世界，要發表意見輕而易舉。帶刺的話飛過網路宇宙，直擊你最脆弱之處，而且那些話的發言者，還往往躲在匿名的掩護下。在洪水般的意見中，我們很容易什麼都聽不清楚。要理解這場喧囂，一個技巧是想像三個同心圓。最中間的一圈是

你自己。第二圈是你實際認識且尊重的人，即你的朋友和同儕。第三圈是其他所有人，包括網路上的沙發評論家，還有真正的職業評論人。至於你要把哪些意見看得多重——呢，這也只是我個人的意見——應該取決於它們的源頭離中心多遠：愈靠近核心的意見愈值得你參考。

讓我們從最外圍的第三圈開始探討，也就是品評者、把關者、作品發表後的評論者，以及社會大眾所在的地方。

一九五六年六月六日，《紐約時報》上刊了一則樂評，是評論人傑克·古爾德（Jack Gould）對田納西州曼菲斯市（Memphis）出身、名叫艾維斯·普里斯萊（Elvis Presley）的一個年輕歌手之觀察：「很難看出普里斯萊先生有任何歌唱天賦。他以毫無特色的哼哼唧唧，表演他最拿手的節奏歌曲。他的樂句分隔——假如有的話——宛如我們對初學者在浴室裡唱詠嘆調的刻板印象。聽他唱歌簡直是折

磨耳朵。」真狠。雖然古爾德先生對「貓王」艾維斯的評價，堪稱音樂史上最看走眼的例子之一，但這不是他一個人的問題。還有不知多少著名評論家，也做過類似的嚴重誤判。這類現象在所難免，一來文化評論本質上趨於保守，二來負評讀起來——以及寫起來——總是比較有趣。評論人用來衡量新作品的標準，是已經存在的事物。任何讓他們覺得太不熟悉、或太不安的東西，通常都會被一槍擊落。

在網路上，這種畏縮的傳統主義被放大。想像一下，如果馬克·羅斯科（Mark Rothko）在臉書上貼出他的色域（colour field）繪畫，或布麗姬·萊利在推特上發表她的歐普藝術（Op Art，又稱視幻藝術）作品，底下留言區會出現多少道貌岸然的長篇大罵。

那把關者呢？像是出版商、編輯、畫廊經營者、唱片公司老闆……各種負責尋找出色作品的人。嗯，他們的表現似乎沒有比較好。

如果你是喜愛希奧・蓋索（Theo Geisel）——他更家喻戶曉的筆名是蘇斯博士——眾多作品的幾億人之一，你也許會驚訝的是，他曾經差點放棄當作家。被同一家出版社拒絕第二十七次之後，他正氣沖沖走在街上，打算回家把所有手稿都燒掉，再也不寫什麼書了。就在這時候，他巧遇一位朋友，對方剛開始在出版業工作，成功說服了他再試最後一次。如今被譽為童書大師的蓋索說：「如果我當時走的是麥迪遜大道的另一側，今天就會在乾洗店工作了。」舞蹈電影巨星佛雷・亞斯坦（Fred Astaire），也不是剛起步就獲得好評。第一次參加米高梅（MGM）影視公司的試鏡時，他得到淒慘無比的評語：「演戲不行。唱歌不行。有點禿頭。跳舞勉強還可以。」迪卡唱片（Decca）則放過了簽下披頭四的機會，因為他們認為「吉他樂團快退流行了。」著作暢銷五億本的喬安・羅琳（Joanne Rowling），在被十二家出版社拒絕之後，終於說動布魯姆斯伯里出版社（Bloomsbury）冒險發行她的作品。他們只預付給她一千五百英鎊，並且建議她改用中性的「J・K」當筆名，因為他們擔心青少年們沒興趣讀一個女作家寫的巫師故事。

要是沒有羅雷司（Lorax，蘇斯博士筆下的毛茸茸橘色精靈）、胡椒軍曹或哈利波特，這個世界會變得多貧瘠呀！這也讓我們警覺到，美好的作品能夠存在，很多時候要歸功於作者的堅持不懈，而非文化把關者的篩選。

甚至有時候，即使把關者獨具慧眼，看出某個作品值得更廣大的觀眾，觀眾也未必準備好了。梅爾維爾（Herman Melville）經典的《白鯨記》（*Moby Dick*），至今已賣出超過兩千五百萬本。文學迷通常不是讀過這本書，就是像我一樣，將它列在「哪天等我有空一定要讀」書單上。然而，梅爾維爾謝世的一八九一年，也就是這部巨作出版四十年後，世界上只有三千七百一十五人買過這本海洋史詩之作。

批評魔想騙你相信，你的才華和成就，完全反映在銷售數字和評價好壞上。牠希望你以為，銷路不好、評價不佳，就代表你的作品很差。但正如被狄卡唱片拒絕的那四個利物

浦小夥子所說的，通往聲望的道路崎嶇且漫長。那條路上有很多容易迷途的地方。想抵達終點，不只需要才華，也必須靠點運氣。披頭四、貓王、Ｊ・Ｋ・羅琳、蘇斯博士等人都能告訴你：今天被否定，不代表明天不會成功。梵谷可能會加上一句：就算一生都被否定，也不表示你的作品沒有價值。據說他一輩子只賣出了一幅畫。

讓我們往中間一點的第二圈移動。

我們的朋友和同儕呢？他們的意見值得看重嗎？

你可能已經發現，我們談到這裡，主要都在講從事創作的艱苦之處。身邊有人——哪怕只是一個也好——能幫你遞面紙，能在必要時刻替你泡杯特甜的茶，更重要的是能在你信心碎滿地的時候幫你撿起來拼好，是非常療癒的事。但情人或朋友永遠不能被當成你最仰賴的評論大師。評論不是他們的工作。他們總是會傾向鼓勵你，看見你的好、給你比較正面的評語。要不是這樣，你可能也不會和他們做朋友或情人太久了。

和你在同條創作路上摸索的同儕，則是另一回事。與某個「看得懂你在說什麼」的人互相切磋，可以激勵你不斷向前、挑戰自己。也因此，才有那麼多藝術家惺惺相惜的佳話。比如安迪・沃荷（Andy Warhol）和尚米榭・巴斯奇亞（Jean-Michel Basquiat）；又如作家好友楚門・卡波

提（Truman Capote）和哈波・李，或者詹姆斯・鮑德溫（James Baldwin）和童妮・摩里森（Toni Morrison）；再如同樣從事繪畫的法蘭西斯・培根（Francis Bacon）和盧西安・佛洛伊德（Lucian Freud），或者海倫・佛蘭肯瑟勒（Helen Frankenthaler）和葛莉絲・哈蒂根（Grace Hartigan）。只不過，同儕關係中，潛藏著自尊的伏流。任何時候，不是你比對方成功，就是對方比你成功。你們給彼此的意見，也不可能不受到某些立場影響。

最理想的是找到介於朋友和同儕之間的人。某個既喜歡你本人，又了解你創作媒介的人。某個敢跟你講實話的人。某個像艾瑪・雷維爾（Alma Reville）這樣的人。

雷維爾是位編劇和剪輯師，在好萊塢工作。她的另一個身分，是驚悚電影大師希區考克（Alfred Hitchcock）的妻子。希區考克完成他的名作《驚魂記》（Psycho）粗剪後，先放映給了一小群心腹好友看。他們愛死了。希區考克歡天喜地，帶著電影回家給雷維爾鑑定。最後一捲膠卷放完，他滿懷期待轉向她，豈料她搖搖頭說：「這樣不行啦，你一定要再修。」不難想像希區考克下巴鬆鬆的憂愁臉上，小黑眼珠露出震驚神色的模樣。雷維爾注意到一件其他人都沒發現、或者不敢向大師指出的事：珍妮・李（Janet Leigh）在浴室中被殺後，屍體很明顯還在呼吸。

希區考克於一九七九年，即他過世前一年，獲頒美國電影學會（American Film Institute）終身成就獎。領獎時，他特別感謝了「四個給了我最多關愛、欣賞與鼓勵，以及持續合作的人。第一個是位電影剪輯師，第二個是位劇本作家，第三個是我女兒派特（Pat）的母親，第四個是一位在家庭廚房裡不斷變出奇蹟的天才廚師，她的名字叫艾瑪·雷維爾。」

雷維爾是希區考克成就背後的大功臣，倘若不是因為當年深重的性別歧視，她本人想必也能成為名導演。希區考克有她陪伴真的幸運極了。但就算你沒那麼好運、沒找到你的雷維爾，也許還是有些適合的朋友或同儕，可以作為你創作上的小顧問。只是別忘了，這些意見都經過自尊、愛、競爭意識或顧慮的染色，它們始終只是意見，不是確鑿的事實。

還有一點值得一提：有時候，只是與某個第三方分享作品，就足以讓你看出先前看漏的缺失。英國樂團 The xx 的羅米·梅里克羅夫特（Romy Madley Croft）曾描述，邀請某人進錄音室聽曲子，能幫助她以新的角度聽見一首歌。對方什麼也不用說，她就能感覺到曲子哪些部分奏效了、哪些有待加強。然而，即使人們點出問題，也別太急著採取他們建議的做法。正如作家尼爾·蓋曼（Neil Gaiman）的觀察：「當別人告訴你哪裡有問題或不夠好，他們幾乎沒一

次說錯。當他們詳細解釋問題是什麼、該怎麼解決,他們幾乎沒一次說對。」

也許這就是為什麼,許多藝術家和作家會刻意擱下完成的作品,等過了幾天、甚至幾個月再回來評估。如此可以拉開你和作品的距離,讓你從第三方的角度看見它,又不必實際聽某人在旁邊說風涼話。莎娣・史密斯(Zadie Smith)鼓勵作家同行們「用陌生人的眼光來讀自己的作品。可以的話,用敵人的眼光來讀更好。」

終於,我們來到同心圓的中央了。

站在圓心的人,就是你自己。

你盤問內心深處,找到了某種真實。你費盡辛苦,以最原創的方式展現出你找到的真實。只有你為它經歷了打擊、心痛、起起伏伏,也許還經歷了曇花一現的喜悅時刻。最終,只有你一個人心底知道你做得好不好。

批評魔鼓動的那些聲音,終究只是聲音罷了。它們可能從旁指引你、勉勵你、支持你繼續走下去,甚至偶爾能讓你的創作信心膨脹一下。但若你縱容它們,它們也可能一點一點侵蝕你的創作魂,直到你僅餘一具空殼。

在你想聽的時候,就聽聽它們怎麼說吧。但切莫聽得太頻繁,或太認真了。

第七章

偸
竊
魔

The Demon

of Theft

Everyone

who you could possibly
steal from at this point
in human evolution

人類史上所有值得你剽竊創意的人，
也都剽竊過別人的創意。

——傑夫·特維迪（樂團主唱）

is a

thief.

Jeff Tweedy

若你對過去三十年的好音樂略有涉獵──我猜本書讀者十之八九都屬於這種人,你最喜歡的歌曲中,很可能至少有一首,必須感謝距今超過半世紀前的一樁偶發事件。

一九六九年的某個春日,來自華盛頓特區的靈魂樂團溫斯頓家族(The Winstons),在喬治亞州亞特蘭大市的錄音室裡,遇上了一個瓶頸。他們剛錄完新單曲〈視他如父〉(Color Him Father),曲中敘述一個男孩對繼父的真摯敬愛,團員都對成品甚是滿意──果不其然,這首歌後來贏得一座葛萊美獎,也成為他們最暢銷的單曲。問題是,他們還沒想好專輯 B 面要放什麼。

主唱理查·斯賓塞(Richard L. Spencer)意識到,樂團夥伴已經想破了頭,需要休息一下。於是他提議他們來錄福音名曲〈阿門,弟兄〉(Amen, Brother)。但曲子太短,所以他們多加了一段吉他反覆段(riff)。但還是太短,為了灌水,外號 GC 的鼓手葛列格里·柯曼(Gregory Coleman)又加了四小節的過門:前兩小節打一樣的,第三小節的小鼓拍點延後,漏掉第四小節第一拍,再以切分音變化和搶拍的強音鈸(crashcymbal)收尾。這麼一來,〈阿門·弟兄〉曲長來到兩分半,作為 B 面歌曲還算像話,樂團也終於能收工,上街尋覓最近的酒吧了。

時間快轉到一九八〇年代中期的紐約。布魯克林、皇

后區、布朗克斯的街區派對帶動了嘻哈的興起。DJ 們發明了新方法，同時轉動兩台黑膠唱盤，為饒舌歌手提供不間斷的無限節拍。此時取樣機（sampler）也開始普及，讓人們能隨意擷取舊歌的任何片段，代表 DJ 們能在靈魂樂和放克（funk）老曲目中挖寶，尋找可以利用的好素材。他們尤其想找乾淨、有切分變化的鼓獨奏。結果顯示，GC 那段六秒的過門——今日被稱為「阿門過門」（the Amen Break）[2]——正是他們心目中的理想片段。

沒過多久，街頭巷尾都能聽到這段取樣。循環播放、調快調慢、重新剪接，成為彷彿無止盡的點唱機曲目之間的串場節奏。

女子嘻哈樂團胡椒鹽（Salt-N-Pepa）是率先給它新家的音樂人之一，將之用在她們的歌曲〈我渴望〉（I Desire）裡。無數嘻哈歌曲以這段取樣為骨架，包括尼哥有態度（N.W.A.，全名 Niggaz With Attitude）轟動一時的名曲〈衝出康普頓〉（Straight Outta Compton）。再晚些，它出現在超凡樂團（Prodigy）的電音舞曲和卡爾·考克斯（Carl Cox）的浩室音樂（house）中。從爵士歌姬艾美·懷絲（Amy Winehouse），到英搖勁旅綠洲樂團（Oasis），再到百變的大衛·鮑伊，各類型音樂人都開始用這段取樣當基底。甚至有一整派舞曲，即所謂叢林舞曲（jungle），是建立在 GC 那天臨時錄下的六秒鼓聲上。借

用「阿門過門」的曲子已經不計其數。我寫作的此時，光是
WhoSampled 取樣辨識服務所能找到的，就超過了五千首。

就這樣，一段短短六秒，用來灌水、讓一群不耐煩的樂
手早點下班的過門，在錄音資料庫裡塵封逾十五年後，竟搖
身變成音樂史的里程碑了。

我想提這個故事，不僅因為溫斯頓家族的貢獻應該被真
正認識（難以置信的是，至今還沒有任何人付過他們一毛版
稅），更因為它推翻了一個關於創作的迷思：相信有真正原
創的點子。

人類是種被自我意識驅動、執著於自我的生物，所以我
們喜歡相信，每個人的點子都是憑一己之力想出來的。我們
情願想像，靈感是某種玄妙的奇蹟。一旦繆思對我們微笑，
好點子就憑空降生。此時我們會十分恰巧地健忘症大發，忘
了所有前人的建樹。

我們的物種能如此成功，靠的正是向前輩取經、重新
想像以及推進他們點子的能力。牛頓曾說：「如果我看得
比其他人遠，那是因為我站在巨人肩上。」他非常稱職地
示範了此道理，因為「巨人肩上」是他援引中世紀英國思想
家、索爾茲伯里的約翰（John of Salisbury）的一句話。
後者則說那是向法國哲學家、夏特的伯納德（Bernard of
Chartres）借來的。

我們物種天生擁有善於盜取創意的大腦，所以才能存活到今日。過去許多年，學者都相信尼安德塔人（Neanderthals）因為比較愚鈍，所以才滅絕了，聰明的智人則存活下來。畢竟尼安德塔人已經在地球上混了約三十萬年，留下的作品只有一些骨雕和石製斧頭。而我們智人二十萬年——目前尚在累積——的歷史中，已經發明出積體電路、自動駕駛汽車、量子力學……以及卡拉 OK。

這也是為什麼二〇一八年學術界引發了一場騷動。學者發現，尼安德塔人大腦的平均尺寸，比你我此刻在用的那顆腦子都大。既然我們濃眉的表親腦細胞更多，為何他們始終沒演化出複雜的文明，我們卻持續創新至今，以驚人的速度發明新科技呢？

仔細比較之下，我們會發現，雖然尼安德塔人的腦子比智人大，但其中部分小腦的尺寸則不及智人。小腦是負責高階認知能力的部位，例如語言處理、社會互動等等。因此學者推測，比起現代智人，尼安德塔人生活在較小而分散的群體中，彼此溝通與分享想法的能力較弱。少了吸取同伴的創見並繼續累積、繼續拓展的能力，尼安德塔人凡事都得從零開始，技能一直停留在初階。當環境改變，他們便會來不及調整，有些學者相信，此即他們消失的主因。智人更擅長偷瞄一下別人在幹嘛，思考可以怎麼利用人家的點子，做出比人家更好的東西。

我們非常喜歡一個謬見，關於孤獨的天才如何靈光乍現，從此照亮了藝術或科學。真相其實更平淡：這些創新者都深受過去的一切創新啟發。

馬克‧吐溫（Mark Twain）曾妙筆寫下一封信，給他的作家友人海倫‧凱勒（Helen Keller），聲援被指控抄襲的她：「又有誰能說出或寫出一句除了抄襲還有其他內容可言的話？事實是，幾乎所有點子皆為前人之見，自覺或不自覺地，汲取自千千萬萬外於我們的泉源……一千個人累積起來才發明出了電報，或蒸汽引擎，或留聲機，或攝影術，或電話機，或任何重要的東西。但我們忘了先前的諸位先進，把所有功勞歸於最後一人。而他不過是在土山上加了最後一簣罷了。」

名垂青史的創新者中，很少人謙虛或誠實到曾經承認他們的發現是人類集體進步的必然結果。但亨利‧福特（Henry Ford）是個例外。他被譽為首創了量產（massproduction）的「天才」，但他自承，他僅僅是碰巧處於歷史上對的位置：「我沒有發明任何新的東西，只是把其他人的發明組裝成一輛汽車，而他們背後是好幾世紀的努力。」的確，人類最偉大的一些突破，在歷史書裡可能被歸功於單一人物，實際上卻是在世界好幾個地方同時被「發現」的。攝影、微積分、演化論僅為其中幾例。

　　任何點子，都是由更早的點子發展而來的觀點——姑且稱之為「點子演化論」吧——或許不像「聖靈感孕論」那麼神奇或浪漫，卻很令人安心。一旦了解到，我們愈是觀摩他人的巧思，愈有可能學會重新配置它們、或像福特說的「組裝」它們，從中發明出新的巧思，創新似乎就不再那麼艱難可怕了。

　　在 YouTube 的密林深處，有支賈伯斯承認他「無恥偷竊好點子」的影片。這段話之所以沒被 Samsung 或 Google 的律師團拿去當把柄，是因為賈伯斯說的是另一種偷竊。他談到的是如何從音樂、詩、藝術、動物學、歷史之中盜取點子，用在麥金塔電腦上。因為跨出計算機科學，從天南地北的學科中汲取靈感，賈伯斯和他的團隊才能在電腦界掀起革命。

我猜你現在一定在想一件事。

如果任何創作都建立在重新思索既有的點子上，我們還需要提防偷竊魔嗎？你可能發現了，我們甚至講到這裡才第一次提到牠。這傢伙真的算心魔嗎？

嗯，這都取決於你偷的方式。

假如你把別人的作品拿來，原封不動當成你的發表出去，那真的沒什麼話好說的，就是最糟糕的竊取行為。容許自己做這種事，會害你的創作魂逐漸枯萎、繆思死去。最後可能還會住在帳篷裡，因為你必須把房子賣掉，好去打某件鬧得沸沸揚揚的抄襲官司！

只在你自己創作的領域中偷點子，屬於同類相食的行徑。希望我不必特別指出這點，不過同類相食通常下場堪慮。

但另一方面，如果你是從既有的想法中擷取部分元素，將之轉化，比如由一種媒介移到另一種媒介，再加進你獨特個性和經驗帶來的新元素，使原先的概念煥然一新，這就沒有任何創意竊盜罪的嫌疑了。

一代創作歌手尼克・凱夫（Nick Cave）曾被質疑抄襲，他寫的一首歌和別人寫的另一首歌旋律有些相近。他為自己辯護的說法是，搖滾樂（rock and roll）「就是瘋狂擷取借來的點子」，要不是大家「隨時隨地都在挪用所有人的東

西」，搖滾樂早就死了。他認為唯一的鐵律是，你必須想辦法推進偷來的點子。如果之後你的點子又被其他人偷去，那就是你偷竊成功的證明。

少年時，我們常常愛上某種媒介，也許是繪畫、音樂、詩或舞蹈。你會愈來愈想用你喜歡的媒介說些什麼，於是某一天，你也決定下海試試身手。剛開始的時候，你總會不由自主模仿起自己欣賞的作品，有時是刻意的，有時甚至沒意識到，但那就是我們學習藝術創作的方式。透過模仿，你會逐漸瞭解一個領域的規則，未來你也許會有勇氣打破規則。然後，你會來到某個臨界點，你不想再複製了，你開始「偷」。你開始撿起喜歡的點子，並且——重點來了——把它們變成你自己的東西。你賦予它們你獨有的特質，用你的經驗重新探究、用你的聲音重新述說。學會這種「竊術」，你才成為獨當一面的藝術家。

創作即偷竊：不只從音樂和雕刻、繪畫和詩歌、電影和舞蹈的世界裡偷，也從公車站的路人對話、老唱片封面、塗鴉、廣告看板、漢堡車菜單、商店櫥窗、夢中……各種地方偷。

當偷竊魔遞給你一只靈感贓物袋，鼓勵你出門狩獵的時候，唯有一件事務必謹記。正如法國名導高達（Jean-Luc Godard）所言：「重點不是你從哪裡找到靈感，而是你能帶它們到哪裡去。」

² Break 原指主旋律暫歇（break）、某種樂器獨奏的過場段落。
嘻哈崛起的年代，靈魂和放克樂中由鼓演奏的 break，尤因節奏
強勁而被大量取樣，衍生出樂風 breakbeat（碎拍音樂）、舞風
breakdance（霹靂舞）等。嘻哈先驅 DJ Kool Herc 指出，當時
「break」也是街頭流行語，有衝破沉悶、揮灑活力的意思。

第八章

———

意外魔

The Demon
of Accidents

Nothing *is*
I mean the
charge of me,

創作永遠不會照計畫走。不是我控制作品，
是作品控制我。謝天謝地！

——瑪姬・漢布林（英國重量級藝術家）

ever planned.

work is in

I'm not in charge of it.

Thank God!

Maggi Hambling

成交價：
$62000000

我們都遇過一種狀況。你總算甩開自我懷疑的枷鎖、揮開再拖幾天的誘惑，工作得正順手。你揮毫灑墨，心情舒暢，甚至覺得你做的東西很不錯。你出神地盯著你的畫，一面把刷子伸進紅色顏料裡沾了沾，對準畫布中央那個完美的位置撇下一筆——然後發現你剛剛沾的是藍色。不會吧！為什麼偏偏現在出錯？意外魔好像總是躲在一旁窺伺，等所有心魔都被你趕開了，才猛然跳出來。

對於意外魔，只有一件事說得準，就是牠早晚會出現，用最氣人的方式打亂你的計畫。

這種時候，你該怎麼辦呢？

事實上，有個不分藝術類型，許多大師都知道的秘辛。這件事頗令人跌破眼鏡，尤其當你想到這些大師的個人能力多受世人崇拜。他們的秘密是，最棒的作品往往有部分來自意外。

如果你找幾個影癡來問一問，史上最神的電影開頭是什麼，討論可能會相當漫長、繚繞、耗去大量咖啡，最後也沒個結果。但過程中，你幾乎一定會聽見他們聊到奧森‧威爾斯（Orson Welles）的《歷劫佳人》（*Touch of Evil*）。

這部一九五八年的經典黑色電影，以一段鬼斧神工的長鏡頭展開。首先映入眼簾的是顆定時炸彈。然後鏡頭拉遠，

跟著倒數中的炸彈，掃過某個美墨邊境城鎮的燠熱夜晚。鏡頭以迷人的動作穿進穿出，俯瞰很有戲的街上交通、擦過一群山羊在內的眾多臨時演員，一直拍了將近三分半，才在卻爾登・希斯頓（Charlton Heston）和珍妮・李（Janet Leigh）接吻的同時，轟然切換到炸彈爆發的不祥畫面。

　　這個片段，如同威爾斯電影中的許多其他片段，展現了精巧構思並執行的視覺調度。燈光、攝影、音效、表演和剪輯全都搭配得天衣無縫。我們似乎可以合理推斷，威爾斯成為史上最偉大的導演之一，正是憑藉如此一絲不苟的事前規畫與分鏡設計。

合理歸合理，事實卻恰好相反。

奧森‧威爾斯其實對突發狀況情有獨鍾。他拍片時最期待的，不是意外魔離片場遠一點，而是牠每天都來。因為威爾斯知道，事情沒按計畫走的時候，最可能出現創作上的魔幻瞬間。這位大師自己的描述是：「在電影裡，最棒的東西就是神聖的意外。我對電影導演的定義是：『一個能駕馭意外的人』……美麗的意外無所不在……它們是唯一能避免電影死氣沉沉的事物。一種空氣裡的味道、一個眼神，會讓你預期的整體效果完全改觀。」

比起那段戲劇性的開頭，威爾斯遠遠更看重《歷劫佳人》後面的一場戲。故事裡敵對的兩個警察在該景中相遇，其中，威爾斯本人飾演的腐敗警察漢克‧昆蘭（Hank Quinlan），在窗沿上發現了一個鴿巢。他撿起一顆蛋，不小心把蛋捏碎了。極具象徵意涵地，希斯頓飾演的體面探長法嘉斯（Captain Vargas）掏出手帕，借他擦拭。鴿巢會在那裡純屬意外。威爾斯碰巧看見它，成就了《歷劫佳人》中的重要場景。

認為所有藝術家都能完全控制作品中的所有元素，其實是個謬誤的想法。我記得看過一部紀錄片，是關於畫家法蘭克‧奧爾巴赫（Frank Auerbach），片中他就示範了這一點。他迅速畫出六隻鴨子，盡量把六隻畫得一模一樣。每隻

鴨都只畫了嘴巴、眼睛、和鴨頭的輪廓。縱使畫得這麼簡單，而且力求一致，結果每隻鴨還是有細微的差別。雖然我不是大畫家，但我自個兒也試了一下這個實驗……

儘管我也企圖畫出六隻相同的鴨，眾鴨卻好像變得各有個性。第一隻看來是個單純的小傢伙，想吃東西。第二隻好像有點害怕。第三隻似乎挺囂張的，可能有點笨。第四隻傷心。第五隻快樂。第六隻憨憨的很討喜。

創作過程中，藝術家一定會被控制不了的力量影響。如果你拼命想對抗這些力量，最後會深感挫折。但若你放棄掙扎、順勢而行，有時成品反而會超越你的期望。

不知道你有沒有過一種經驗。你讀完一本令人如癡如醉的小說，覺得簡直不可思議，單憑一介凡人的智力怎麼能

設想出這麼細膩的人物、奇巧的情節、幽微的意象、充滿實驗性的文句？某種程度上，真的不是。因為那是作者允許故事自行發展、人物自行成長的結果。兩度獲得布克獎、《狼廳》（Wolf Hall）三部曲的作者希拉蕊·曼特爾（Hilary Mantel）是這麼說的：「任何一本有價值的小說……都不是誰能聰明到寫出來的……你必須放手，看故事會長成什麼形狀。你必須相信過程。相信可能很難，因為你會焦慮不安。但你必須練習別擋自己的路。」

換句話說，你要鬆開抓著耕耘機的手，對意外魔說：「好，你帶路吧，隨便去哪都行。」

奇怪的是，你愈願意放手——如同曼特爾貼切形容的「不擋自己的路」——過程會變得愈迷人、愉悅、有收穫。英文中的「ecstasy」（狂喜）一字，源自希臘文「ἔκστασις」或「ekstasis」，原意是「站在自己之外」。任何莊重的古希臘藝術家或音樂家都會告訴你，唯有處於這種脫繮的狂喜狀態時，繆思才會來拜訪你。如果你能在工作時跳脫自己，抑制有意識的思考，任由創作的動力帶你去任何地方，你就離藝術狂喜愈來愈近了。

西班牙芭蕾舞星塔瑪拉·羅霍（Tamara Rojo）曾敘述，從事舞蹈多年來，她始終像個上癮者一樣，在追尋一種難得的瞬間——當她在一場表演中感到自己消失了，完全融入了角色之中。矛盾的是，在這種以肉體所能表現的最極致藝術形式中，她體驗到一種脫離自身的「幾乎宗教式的、形而上的感受」，彷彿她從外注視著自己的表演。這種感覺出現時，也是她力量最強大的時候，能夠在觀眾心中喚起任何她想要的情緒。羅霍說，她三十多年的舞者生涯裡，只經歷過幾次那樣的瞬間，但那是「最棒的感受，沒有任何經驗能與之比擬。」

既然把自己交給作品、拋開自我、跟隨意外魔的任性，感覺會如此甜美——而且成果還可能這麼豐碩，有什麼方法能引起更多這樣的時刻呢？有沒有什麼創作技巧，能讓人更容易進入無我的狀態？

英國藝術家瑪姬‧漢布林說過,她會趁著清早剛睜眼、半夢半醒之際,用墨水滴管(ink dropper)畫一幅畫。她是右撇子,但此時會以左手拿滴管,並且閉上眼睛,進一步交出主導權。她不會設定主題,只是讓手任意移動。畫完後也不多想什麼,便去吃早餐。這種隨機創作的畫,啟發了漢布林最成功的一些畫作,有時也會揭露她未曾察覺的深層心理真實。

挪威作家卡爾‧奧韋‧克瑙斯高(Karl Ove Knausgård)將他浩浩六卷、獲得國際好評的自傳小說《我的奮鬥》(My Struggle),形容為一場「放開控制的練習」。他寫作的理想境界,是覺得自己像個被動的陪同者,彷彿以讀者、而非作者的身分,跟隨著文字的行進。為達此種狀態,克瑙斯高會像漢布林一樣,起個一大早,以便利用還沒完全清醒的大腦。他會挑一個字:「比如『蘋果』,或『兒子』,或『牙齒』,什麼都行,」他解釋,「只是當作出發點。某個聯想到的字。但選好後就只能寫那個,不能寫別的。接著我開始寫,不知道會寫出什麼。然後文字似乎便會自動產生。」可想而知,這種方式需要大量的後續編修,但它是引起我們第三章談過的「心流」的簡單好方法。

不過,一個最重要的策略,是用心察覺創作途中發生的一切。認真感受每一刻的可能,別太執著於預設的結果,反

而錯失了稀有的、意外的、可以使作品妙趣橫生的機會。

為了說明，讓我們來趟太空之旅。

在阿波羅八號首次載人繞月的太空任務中，一九六八年聖誕節前夕，休士頓剛過早上十點半，阿波羅八號的太空人正在月球軌道上繞行第四圈。他們已三次觀測了月球從未有人看見的那一面，那本身已是一幅非凡的光景。然而進入第四圈時，指揮任務的法蘭克‧鮑曼（Frank Borman）將太空船的角度轉了幾度。船身旋轉的當下，另一位太空人比爾‧安德斯（Bill Anders）碰巧從觀景窗看見了令人屏息的景象：地球如一顆藍珍珠，緩緩出現在荒蕪、灰色、死寂的月平線上。美國太空總署（NASA）嚴格規定了太空人何時要拍哪些照片，其中並沒提到這意料外的畫面。但安德斯意識到這是不能錯過的絕景，於是他舉起了大幅改造過的 Hasselblad 500 EL 相機，啪嚓啪嚓拍了幾張，才回去克盡他被指定的責任。

安德斯的其中一張照片就此寫下歷史。這張被稱為「地球初升」（Earthrise）的照片，徹底改變了我們如何思考人類在宇宙中的地位。史上頭一遭，人們看見了廣袤無邊的漆黑太空中，我們的星球是多麼美麗，又多麼孤寂。阿波羅八號的那一張照片，被認為是現代環保運動的濫觴。

　　如果當時太空船沒有改變角度，地球升起的景象就不會映入窗裡。如果安德斯沒有違反太空總署規定流程的膽識，它也不會為世人所見。

　　我們已經知道，只要應對方式正確，許多我們在創作過程中最畏懼的心魔，其實能變成我們的助手。若你虔誠奉行最初的藍圖，作品頂多只能滿足你的期待，永遠不可能比你想的更好。但假如你留下一點空間，讓意外魔有機會來露個面，牠才有可能會帶你突破你想像力的疆界。

　　對了，你知道嗎？

　　說不定你的畫就是缺一撇藍。

第九章

———

失敗魔

The Demon
of Failure

Sometimes A Fuck Up

Isn't Really A Fuck Up

It's the angel

on the shoulder

有時候搞砸不是真的搞砸，
只是你肩上的惡魔肩上的天使。
——達比‧哈德森（澳洲作家／插畫家）

of the *devil*

on your shoulder.

Darby Hudson

時間是二〇一二年夏。西班牙的烈日正無情地照在博爾哈（Borja）的寧靜街道上。在這個馬德里東北方、距首都幾小時車程的中世紀小鎮上，一位年邁居民塞西莉亞·希門尼斯（Cecilia Giménez）為了避暑，躲進了慈悲聖殿（Santuario de Misericordia）教堂。

塞西莉亞靜靜坐著沉思，目光落到了一幅耶穌像上。那是畫家埃利亞斯·賈西亞·馬丁內斯（Elías García Martínez）所繪的壁畫，將近一百歲了，顏料已開始剝落。塞西莉亞愈看愈難過，這間教堂對她意義特殊，自從六十年前在這裡結婚，她一直都來此作禮拜和禱告。她非常清楚，教堂沒什麼錢，請人修復壁畫的機會渺茫。

於是塞西莉亞做了個決定，最後不僅改變了她的人生，還改變了這整座古鎮的命運。

她決定自己來修這幅畫。

說句公道話，塞西莉亞的繪畫功力離原作者有段不小的距離：埃利亞斯畫的上帝之子，很快就變得十分肖似一隻被嚇到的靈長類。沒過多久，鎮上的歷史協會便發現她做了什麼。他們大為憤慨，拍下她的畫貼到網路上。塞西莉亞聲稱她還沒畫完，可惜為時已晚，幾小時之內，壁畫的前後對照圖就在網上紅翻了。

　　英國的《每日電訊報》（*Daily Telegraph*）率先報出此事，以斗大的標題寫道「老婦 DIY 修復，毀十九世紀壁畫」。法國的《世界報》（*Le Monde*）稍微更浮誇一點：「悲劇！基督畫像修復變毀容」。美國電視節目《週六夜現場》（Saturday Night Live）以「馬鈴薯耶穌」介紹這幅畫，讓現場觀眾笑到流淚。網路上更到處都在傳「猴子基督」的各種哏圖。

　　不難想像，來自全世界的譏笑，會對這位八十一歲的老人家造成多大的打擊。一位喜愛藝術、敬愛耶穌、深愛她教堂的女士，現在卻被許多人認為褻瀆了她的教會。她當然很

快就消聲匿跡，且根據報導，她在那段期間瘦了十七公斤。
塞西莉亞立意良善的創作計畫完全走偏了，淒慘撞上了可能
最具毀滅性的一種心魔──失敗魔。

　　失敗魔擁有兩種力量。一方面，當你像塞西莉亞一樣不
幸遇上了牠，牠能把你的生活攪得一塌糊塗。另一方面，即
使沒和牠碰頭，牠也能對你施加強大的影響力。僅僅想到可
能遭遇失敗，就足以令人打消創作的念頭，或者雖然展開創
作，但戒慎恐懼，不敢做出能讓佳作變成傑作的大膽決定。

　　我們從小就學到要害怕失敗。大人會在我們做對時給
我們獎勵，做錯時給我們教訓。我們受到的教育通常非黑即
白，一個答案不是對的，就是錯的。當老師發回作業，我們

會急急尋找打勾的地方，看到殘忍的叉叉就瑟縮一下。這種模式從校園延伸到職場：我們必須常保不敗，才能在滑溜溜的桿子上愈爬愈高。於是，我們都被趕進作家凱薩琳·舒茲（Kathryn Schulz）所說的「戰戰兢兢的一小角正確裡」。那是一塊不自在、綁手綁腳、被恐懼主宰的地方。在那裡，風險被視為大敵，做出奇作的機率為零。

然而，在創作上，無法失敗才是最大的失敗。

選擇一條不會失敗的路，你也就走上了不可能有真正發現的路。

如果你有勇氣涉入未知的疆域——真正可能做出突破的地方，則你必須接受，那裡比較容易遇見失敗魔。我們很喜歡想像，好點子會像天啟似的，降臨在靈光一閃的幸運兒身上。但如同先前所述，這其實是個迷思。

作家史蒂文·強森（Steven Johnson）觀察道：「神準無比的紀錄背後有段影子紀錄，記載著更久以來、一次又一次的大錯特錯。」你可以研究任何藝術領域的開創者，你會在他們的生平和作品中，找到滿滿一冊的誤判、錯路與死巷。有人說，愛因斯坦是為物理帶來最多突破，也犯下最多錯誤的人。我們視為天才的人，通常不是想出好點子的機率特別高，只是他們想了遠比其他人更多更多的點子，所以更可能捕獲幾個絕妙的想法。

　　因此，決定創作事業能否成功的關鍵之一，是當你無可避免地被失敗魔迎面一擊，你會採取什麼反應。

　　你會把路讓給牠，用手帕搗著淌血的可憐鼻子，逃到安全的地方嗎？還是心想：「啊哈，既然遇到這傢伙，代表我應該冒險來到了可能發現好東西的地帶。只是這條路也許比想像中辛苦一點。」人類之中最偉大的一些創新者，就是以這樣的態度自勉。人稱發明大王的愛迪生，被認為替世界帶來了燈泡、留聲機、電話中的碳粒式麥克風。但在他通往成功發明的道路上，散落著上百種早已被忘記的專利產品。例如一種吵雜、笨重、用兩瓶邋遢又危險的化學物質當電池的電子筆。還有一種會說話、聲音「超恐怖」的洋娃娃。

　　電腦工程師努力修改系統，將出錯率降到最低。但創作者要是這麼做，就只能產出安全、重複、乏味的作品。有犯

錯的地方才有突破。麻煩的是，我們從事創作愈久，愈難接受犯錯。

我們相信隨著技藝的提升，犯錯的頻率應該下降，所以一見到犯錯的可能，我們就趕緊閃開。然而正是這種傾向，使一個藝術家變得安於現狀。

「做對」唯一的好處，就是能體會到一種短暫、覺得「果然如我所料」的飄飄然。「做錯」會衝擊你，推翻你的假設，強迫你質疑不曾質疑的事，並尋找新的答案。

藝術家瑪莉娜・阿布拉莫維奇（Marina Abramorić）在回憶錄中敘述，她教學時，會讓學生在桌上放一千張紙片和一個廢紙簍。三個月期間，他們每天花幾小時想點子，寫在紙片上。他們要把喜歡的點子留在桌上，不喜歡的丟進廢紙簍。到了終於寫完紙片的那日，她請學生把桌上的點子全部扔掉，利用廢紙簍裡的點子創作。她認為：「那個垃圾桶是個寶庫，裝滿他們害怕嘗試的事物。」

失敗經常是沃壤，比成功更能使人成長。確實，許多重大的科學與科技突破，都肇始於計畫出了岔子。我寫這本書仰賴的一個利器，是 Post-it 便利貼。這些可黏貼的小黃方塊，貼滿了我筆電後方的那面牆。每張紙上都寫著我想放進書裡的東西，我糾結於章節結構的時候，還可以輕鬆撕撕貼貼，排列它們的位置。世上會有這種便條紙，是因為在 3M 工作的化學家史賓塞・席佛博士（Dr Spencer Silver），曾經想發明一種特強的黏膠，卻不幸發明出了一種特弱的。多年後，席佛的一位同事亞特・弗萊（Art Fry），厭倦了貼在唱詩班歌本上的書籤總是掉下來，才想起這種黏性雖弱、但能重複使用的黏膠，並意識到這無心之作的巨大潛力。

盤尼西林、威而鋼、微波爐、X 光、心臟節律器（pacemakers）、洋芋片、早餐玉米片……還有無數今日

我們認為理所當然的產品，皆擁有與 Post-it 便利貼類似的發明故事。其中每一種都不是按照計畫開發出來的產物，而是出乎意料、甚至不想要的結果。換句話說，是個錯誤。只因為它們的開發者拒絕止步，有勇氣繼續沿著這條不在藍圖上的小徑往下走，把別人眼中的失敗看成契機，它們才有了價值。

失敗魔只能透過思想對我們產生影響力，當你改變思維，牠就影響不了你。爵士鋼琴手賀比·漢考克（Herbie Hancock）說過一個很棒的故事。某個宜人的夏夜，他在德國的斯圖加特（Stuttgart）演出，與傳奇小號手邁爾斯·戴維斯（Miles Davis）同台。表演很順利——直到漢考克彈錯了一個和弦，而且還是在戴維斯即興到一半的時候。他描述自己嚇得一縮，摀住耳朵，因為大家都知道戴維斯是個不留情面的嚴師。結果，戴維斯做了一件令他吃驚的事：「邁爾斯停了一秒，吹出幾個音，讓我的和弦聽起來根本沒錯。我非常震驚，簡直無法相信自己的耳朵。」

後來漢考克才明白當時發生了什麼。戴維斯聽見那個和弦時，並不覺得那是錯的。他只覺得那是樂曲出人意表的一個時刻，需要他做出回應，而他的回應將音樂帶往了新的方向。漢考克補充：「這件事為我上了一堂寶貴的課。不只關於音樂，也關於人生。」

失敗就像雜草。並沒有一種標準，可決定某種植物屬於雜草，雜草純粹就是我們不想在花園裡看到的花草。失敗也是和其他事件一樣的事件，只因為從當時的有限觀點看，我們判斷它是失敗，它才被定義為失敗。「這不是我們期待的結果，」我們告訴自己，「所以必然是個失敗。」

但如果換個角度看呢？

有個東方寓言很發人深省，說的是有個農夫丟了一匹馬。農夫的鄰居前來安慰他，沒想到他根本不難過：「謝謝你呀，不過，誰又知道這是好是壞？」

隔天，馬回來了。不只回來而已，後面還跟了六匹牠閒晃時遇見的野馬。農夫的鄰居於是跑來道賀。只見農夫相當淡定：「謝謝，但誰又知道這是好是壞？」

再隔天，農夫的兒子想馴服那些野馬，結果摔下馬背，跌斷了腿。鄰居又來致意，感嘆發生這種不幸，農夫只道：「誰又知道這是好是壞？」

果然，翌日，軍隊來到村裡，徵召年輕人去打一場似乎必輸無疑的仗。農夫的兒子因為腿斷而逃過一劫，於是飛來的橫禍反而變成了幸事一椿。

這故事可以永遠說下去，但我想重點應該很清楚了。

我們其實沒有能力在事發當下，就立即看出一件事是成是敗。如果硬要那樣想，也只是一種自我蒙蔽。我們當然可以根據現有證據做個猜想，但一旦放遠看，可能又會看到截然不同的真相。

讓我們回去看看塞西莉亞怎麼樣了。我們在本章開頭說到她備受打擊、躲了起來。

嗯，她淪為全球笑柄之後幾天，一件不可思議的事發生了——觀光客開始出現在博爾哈。還不只一兩個，成千上萬人紛沓而至，都想親眼瞧瞧「馬鈴薯耶穌」。二〇一二年八月至十二月，總計四萬五千八百二十四人造訪了慈悲聖殿，而且幾乎每個都在捐獻箱裡投了幾歐元。短短幾個月內，這座被遺忘的西班牙小鎮上的失修老教堂，已經擁有滾滾資金，不僅足夠修繕教堂，還能為博爾哈的清寒年長者提供持續的照顧服務。整間教堂裡唯有一個角落，哪個修復人士都不敢碰一下：塞西莉亞・希梅內斯的「猴子基督」。

下次你遇見失敗魔的時候——如果你走在創作突破必須走的冒險道路上，你勢必會遇見牠——擺出你的戰鬥姿勢、直視牠的眼睛、就問牠這麼一個問題：

「誰又知道這是好是壞？」

第十章

———

失
望
魔

The Demon
of Disappointment

There's only

thing

That is one's own

只有一件事是肯定的，那就是人自己的無能。

——卡夫卡

one
certain.
inadequacy.

Franz Kafka

　　討論到這裡，我們已經知道創作多不容易。要完成一幅畫、一個故事或一首曲子，需要勇氣、毅力，和不畏心魔擋路的堅定決心。自然而然地，當你打完最後一個句子，或退後幾步打量畫架上的新畫時，經常會湧上一陣陶然的滿足。你辦到了！你克服重重難關，從無到有孕育出了一件作品。雖然未對自己承認，但也許你心底有股小小的興奮，覺得這次的作品同以往都不一樣。歷經這麼多心痛、自我懷疑、創作瓶頸，會不會這一次，你終於要迎來大眾讚賞和行家好評了呢？

　　會不會……你終於做出代表作了呢？

　　然而，就在你開始幻想版稅支票、榮譽學位、謙卑誠懇的受獎演說之同時，有個入侵者悄悄撬開了你工作室的窗子。第二天早上回來，你發現這傢伙蹲在你最棒的作品上，嘻嘻嘲笑你的自大。

　　牠的名字叫失望魔。

　　昨天你還覺得別出心裁的地方，今天看起來庸俗又造作。你原先的點子如此燦爛、如此熾熱，成品卻看起來……死氣沉沉。

　　你的自豪蒸發。
　　你的希望破滅。
　　可惜呀。

除非你擁有獨裁者等級的自戀，而且絲毫不具批判能力，否則，你難免會碰上失望魔。如果你經營著藝術工作室，牠一定會在你的社區出沒。除了砸砸車窗、扒扒錢包、亂丟漢堡包裝紙，牠總是抽得出時間，去你那裡找碴。

　　還記得我們第一章遇見的、為了寫《憤怒的葡萄》而受盡煎熬的史坦貝克嗎？他曾經悲慘地哀嘆：「倘若我有能力把這本書好好寫出來，這會是一本真正的傑作、一本代表性的美國小說……我被自己無知與無能圍攻。」時間轉到更近一些，英國小說家威爾‧塞爾夫（Will Self）被問起，能否給有志寫作者一些建議。他回答：「你知道當你讀起自己華麗的詞藻，那種噁心的無能感和暴露感嗎？放心吧，這種可怕的感覺永遠不會離開，無論你獲得多少名聲和成就。」這使我們必須問個迫切的問題：如果任何創作者——包括成功的大師，都得長期和失望魔打交道，我們怎樣才能忍受和牠共處？

　　第一件要知道的事情是，這種通常在你完成創作、端詳成品時才會注意到的心魔，只會在一塊特定區域活動。牠的活動地帶，就是你的構想與成品、概念與實踐之間的空隙。你用雙手造出來的作品，永遠不可能如腦袋想的那般熠熠生輝、充滿生機。詩人、音樂人凱‧坦培絲特（Kae Tempest）在她的《論連結》（On Connection）中，以

一貫的坦誠談及這道空隙：「寫作沒有所謂成功，只有不同程度的失敗……點子是完美的，在令人屏息的夢裡來到作家身旁。作家以心靈、以身體承載它，一切都滋養著它……但怎麼做都不對。作家與點子相搏的同時，不可能不傷及它。」

著手創作前，你的點子自由自在，不受限於你的能力或媒介。當時它在天上飛；現在則來到地表，難免跌跌撞撞。或許它不夠耀眼，或許你將它拉出腦海的過程中傷到了它，但你知道嗎？至少你已經讓它存在了，它現在是你能繼續琢磨、潤飾、改善的真實事物。

能看見點子之潛力與成品之不足中間的空隙，代表你有進步所需的判斷力。就算你還不知道怎麼做得更好，能看出缺點總是改進的第一步。雖然不太直觀，但失望魔在你工作室裡出現，其實反映了你還不錯。如同布克獎得主安妮·安瑞特（Anne Enright）的觀察：「會覺得自己作品很棒的人，只有蹩腳的作家。」

況且，好壞不都取決於你的觀點嗎？

昨天你剛寫完的時候，你的詩儼然天才之作。

今天再拿來一瞧，它看起來就跟打油詩差不多。當然，事實通常介於兩者之間。你的詩或許沒有昨天想的那麼神，也沒有今天以為的那麼糟。

　　記得一件事：失望魔只能騷擾那些設想過成品樣貌的人。牠存在於作者眼中，不在觀眾眼中。身為作者，你在幕後忙進忙出，你知道建造過程多雜亂無章，也目睹過整座結構搖搖欲墜之時。儘管如此，你還是堅持到了最後。而現在，無論好壞，你的作品已經獨立於你之外，等待與觀眾相遇。當觀眾經過，看見了它，他們不會知道它在你想像中的模樣。他們只會感受到這個作品現在的樣子，並為它添上各種你意想不到、差異幽微的色調，使它每次都擁有新的樣貌。

失望魔是個狡詐的敵人。牠很清楚，你是因為熱愛你的媒介，才會開始用它創作。牠也知道，你身為愛好者，已經研究過這種藝術類型古今最厲害的作品。因此牠最壞心眼的伎倆之一，就是把你的凡俗之作拿來跟史上最偉大的成就對比，希望你看見那巨大的落差，就會永遠放棄創作。

但假如別看那麼遠呢？

如果你拿來和你的新作比較的對象，不是那些曠世巨作，只是你自己以前的作品呢？如果你能用比較結果激勵自己，做出更多作品呢？

讓我們來趟時空小旅行，從二十一世紀的繁忙，飛回曲高和寡的十九世紀末日本。在當時的江戶城，即今日東京，住了個名叫葛飾北齋的鬼才浮世繪師，外號「畫狂人」。北齋的風格自成一家，結合了日本傳統插畫技巧，和西方透視法原則，而且擁有逍遙不羈的創意。他隨時隨地都在作畫，畫在任何找得到的平面上，小至米粒，大至兩百四十平方公尺的巨幅畫布，畫街市場景、鳥、魚、花草、風景、滑稽人物、怪物、皇帝、乞丐……把每一天都奉獻在繪畫上。曾有一度，他的畫室失火，收藏的作品都燒掉了，他還是繼續畫；他好賭的孫子把家產輸光了，他只好寄住在寺院中，他還是繼續畫。人們估算，北齋過世時，身後約留下三萬多幅版畫及繪畫。

他創作不輟的動機很簡單：他發現每畫一張圖，他雙手所繪與雙眼所見的差距，就會又縮短一點點。

北齋晚年寫下一段自述：「六歲起，我便喜歡畫東畫西。然而六十五歲前的作品，說真的都不值一提。到了七十三歲，我總算開始明白蟲魚、鳥獸、草木的真正結構。想必待我九十歲，一定能掌握其中奧義。若有幸活過一百一十，則筆到之處——每一點、每一橫——都能有生命了。」[3]

北齋享年八十八。據說他臨終前還嘆道：「倘若老天再賜我十年……不，五年吧！那我就能成為真正的畫家了！」

對北齋而言，意識到自己的不足，是他前進的動力。他沒有因此擱下畫筆；知道必然會進步，反而支撐了他繼續畫下去。

生命是個嚴苛的創作人。其中必然也會有吉光片羽的時刻——當繆思對你微笑、你的作品彷彿擁有了某種超越你才華的東西——那些狂喜時刻會提起你，讓你輕飄飄地順暢前行。但多數時候，你都灰心地跋涉在自己技藝的邊緣，與失望魔打一場無止盡的仗。

如果你正經歷著這樣的痛苦，不如提醒自己，所有曾經想賦予自己點子生命的人，都經歷過這種感受。甚至你最崇拜的那幾位藝術家也經歷過。如同柯提斯・梅菲爾德

（Curtis Mayfield）在一首歌裡唱過的，最重要的是「繼續再繼續」（keep on keeping on）。因為創作是人之所以為人的一大理由。即使你感覺不到，但每次你揮下刷子、敲下鍵盤、寫下文句之後，你的藝術狂想與實踐功夫之間的那道空隙，都在縮小。

³ 這段話出自葛飾北齋《富嶽百景·初編》畫集跋文（一八三四年發表，那年北齋七十四歲），流傳的英文版比較濃縮，原文是說「七十歲前之作都不值一提」，中間還有「八十歲定會更加精進」、「一百歲能達出神入化之境」等等。

Epilogue
後記

我覺得我們現在也算比較熟了，我想向你告解一件事。你聽了恐怕會笑我太天真，畢竟這一百多頁談的是這麼個大主題。老實說，我壓根兒沒想到寫這本書會難成這樣。真的是太詭異了，我寫每一章，好像都會被某一種我所描寫的心魔纏上。

我拖了超級久，才開始寫開頭的拖延那章。好不容易起步，又馬上陷入自我懷疑 —— 我真的會有寫完的一天嗎？即便寫得完，我算哪根蔥，誰要讀我寫的東西呀？到最後，我發現自己和空白稿紙大眼瞪小眼的次數，已經多到我不想承認。疫情期間，我關在鬧哄哄的房子裡，窩在樓梯旁，覺得被一堆阻礙弄得無法工作。每次重讀前幾天寫的東西，心灰意冷總是我的第一反應。我也非常確定，任何細心的讀者都在書裡找到幾個我搞砸的地方。

就算花了那麼多時間閱讀、查資料、訪問傑出的創作者，就算受益於所有他們的經驗與辛苦獲得的洞見，我還是一次又一次碰上心魔。幾乎繞過每個街角，都會有個狡猾的傢伙在等我。

創作心魔就是這點麻煩，你永遠無法完全降伏牠們，牠們是我們自己的延伸、我們的不同人格；我自己寫作時，總是把牠們想成某個版本的我。我們已經知道，你可以擋掉心魔最戳人痛處

的攻擊、提防牠們最讓人上當的陷阱。然而，我們也已經發現，讓這些妖魔在附近流連，有時候會帶來好處。

意外、偷竊、批評、失望、懷疑，甚至失敗，只要導往正確方向，都能使你的創作更進一竿。

這樣想起來，這本書的名字可能不夠精確。

也許應該別叫《創作心魔與牠們的降伏法》（原書名：Creative Demons and How to Slay Them），而該改成《創作心魔與如何和牠們好好相處，並了解牠們乍看有害，其實卻是創造理想作品必要且重要的一環》。

嗯……但這樣就不酷了吧？

謝謝你讀了這本書，希望你讀得還開心。

祝你下一趟創作之旅好運。

啊，要是哪天遇到其中某隻心魔，麻煩再替我打聲招呼。

出處來源 Notes

P.6-7　「對創作者……」出自：《無限的網：草間彌生自傳》（英文版），二〇一一年。

P.14-15　「閉上嘴……」出自：福樓拜，《letter to Miss Amélie Bosquet of 20 August》，一八六六年。

P.19　「我根本……」出自：史坦貝克，《Working Days》，一九九〇年。

P.19　「我的畫……」出自：蓋爾·瑪茲爾，《Zeppo's First Wife》，二〇〇五年。

P.21　「今天的……」出自：蘇斯博士，《Happy Birthday to You!》，二〇〇五年。

P.24　「彷彿像……」出自：達克托羅，《The Art of Fiction》，一九八六年。

P.24　「人們覺得……」出自：馬丁·蓋福德，《Modernists and Mavericks》，二〇一八年。

P.28-29　「我要是……」出自：保羅·佐羅，《Songwriters on Songwriting》，二〇〇三年。

P.31　「你不知道……」出自：梵谷，《炙熱的星空，孤寂的靈魂——梵谷書信選》，一九九三年。

P.37　「緩步走走……」出自：https://www.theguardian.com/books/ng-interactive/2020/nov/07/caught-in-times-current-margaret-atwood-on-grief-poetry-and-the-past-four-years

P.37　「二〇一四年……」出自：MarilyOppezzo 和 Daniel L. Schwartz，《Journal of Experimental Psychology: Learning, Memory and Cognition》，二〇一四年。

P.39　「魚不是……」出自：大衛·林區，《Catching the Big Fish》，二〇〇六年。

P.39　「我一直……」出自：https://www.bbc.co.uk/programmes/m000bxpd

P.39　「靈感不是……」出自：https://www.instagram.com/rickrubin/

P.40　「就在放棄……」出自：布萊恩·伊諾，《A Year with Swollen Appendices》，二〇二〇年。

P.46-47　「想像你……」出自：穆薩·奧克旺加，《In The End, It Was All AboutLove》，二〇二一年。

P.51　「好了好了……」出自：奧利佛·薩克斯，《意識之川流》，二〇一七年。

P.56　「每件事物……」出自：布紐爾，《A Year with Swollen Appendices》，二〇二〇年。

P.60　「初學者……」出自：鈴木俊隆，《禪者的初心》，二〇一一年。

P.68　二〇二一年《自然》期刊登出的論文，詳見：〈People Systematically Overlook Subtractive Changes〉，www.nature.com

P.69　「年紀愈大……」出自：〈8 Exercises to Quickly Boost Creative Thinking in Teams〉，www.medium.com

P.72　「如果你……」出自：大衛·鮑伊，https://www.youtube.com/watch?v=cNbnef_eXBM&ab_channel=StuartSemple

P.72　「問自己……」出自：Joe Fig，《Inside the Painter's Studio》，二〇〇九年。

P.76-77　「每道牆……」出自：愛默生，《The Complete Works of Ralph Waldo Emerson: Natural History of Intellect, and Other Papers...》，二〇〇六年。

P.84　「我說……」出自：凱蒂·洛芙，《不要靜靜走入長夜》，二〇一七年。

P.85　「不再去……」出自：https://medium.com/@halkirkland_53414/limitation-breeds-innovation-embrace-it-9539db2b5d64

P.86　「就算你……」出自：https://www.telegraph.co.uk/travel/arts-and-culture/agoraphobic-traveller-instagram-google-street-view-photography/

P.86　「有個實驗……」出自：Patricia Stokes，《American Psychologist》，二〇〇一年。

P.92-95　「想不被……」出自：阿爾伯特·哈伯德

P.95　「當你作畫……」出自：https://www.youtube.com/watch?v=h8eczPx7OZo&ab_channel=itsmethecmp

P.96　「很難看出……」出自：傑克·古爾德，《紐約時報》，一九五六年。

P.98　「如果我……」出自：蘇斯博士，《The Annotated Cat》，二〇〇七年。

P.98　「演戲……」出自：羅伯特·詹姆斯·萊斯利·哈利韋爾，《The Filmgoer's Bookof Quotes》，一九七三年。

P.101　「這樣不行……」出自：勞倫·鮑澤里奧，《Hitchcock, Piece by Piece》，二〇一〇年。

P.102　「四個給……」出自：希區考克於 AFI 終身成就獎致詞，一九七九年。（https://www.youtube.com/watch?v=pb5VdGCQFOM&t=194s）

P.102　「當別人……」出自：https://www.theguardian.com/books/2010/feb/20/ten-rules-for-writing-fiction-part-one

P.103 「用陌生人……」出自：https://www.theguardian.com/books/2010/feb/20/10-rules-for-writing-fiction-part-two

P.106-107 「人類……」出自：傑夫・特維迪，《如何寫一首歌》，二〇二二年。

P.112 「二〇一八年……」出自：〈Reconstructing the Neanderthal BrainUsing Computational Anatomy〉（www.nature.com）

P.113 「又有誰……」出自：馬克・吐溫，《Twain's Letters, Volume 2, 1867–1875》，二〇一四年。

P.114 「我沒有……」出自：大衛・伊格曼、安東尼・布蘭德，《飛奔的物種》（簡），二〇一九年。

P.114 「無恥……」出自：https://www.youtube.com/watch?v=PdTXS32nAQk

P.115 「就是瘋狂……」出自：https://www.theredhandfiles.com/originality- hard-to-obtain/

P.116 「重點不是……」出自：https://fs.blog/2020/04/shoulders-of-giants/

P.120-121 「創作永遠……」出自：https://www.bbc.co.uk/iplayer/episode/m000nx23/maggi-hambling-making-love-with-the-paint

P.125 「在電影……」出自：《死後他們就會愛我》，二〇一八年。

P.127 「任何一本……」出自：https://www.theguardian.com/books/2020/oct/04/hilary-mantel-wolf-hall-mantel-pieces

P.128 「最棒的……」出自：https://www.bbc.co.uk/programmes/m000p6wd

P.129 「比如『蘋果』……」出自：喬・法斯勒，《故事如何說再見》，二〇二〇年。

P.134-135 「有時候……」出自：達比・哈德森，《100 Points of ID to Prove I Don't Exist》（https://www.etsy.com/listing/947245231/100-points-of-id-paperback）

P.140 「戰戰兢兢……」出自：https://www.ted.com/talks/kathryn_schulz_on_being_wrong?language=en

P.140 「神準無比……」出自：史蒂文・《強森創意從何而來》，二〇一一年。

P.143 「那個垃圾桶……」出自：瑪莉娜・阿布拉莫維奇，《疼痛是一道我穿越了的牆》，二〇一七年。

P.144 「這件事……」出自：https://www.youtube.com/watch?v=FL4LxrN-iyw&ab_channel=SafaJah

P.150-151 「只有……」出自：古斯塔夫・亞努赫，《與卡夫卡對話》，二〇一四年。

P.154 「倘若我……」出自：史坦貝克，《Working Days》，一九九〇年。

P.154 「你知道……」出自：https://www.theguardian.com/books/2010/feb/20/10-rules-for-writing-fiction-part-two

P.155 「寫作沒有……」出自：凱・坦培絲特，《論連結》，二〇二〇年。

P.155 「會覺得……」出自：https://www.theguardian.com/books/2010/ feb/20/ten-rules-for-writing-fiction-part-one

P.158 「倘若……」出自：https://www.bbc.co.uk/programmes/b08w9lv6

延伸閱讀 Further Reading

Abramović, Marina, *Walk Through Walls*: A Memoir, London: Penguin Books, 2016

Andreasen, Nancy C., *The Creative Brain*: The Science of Genius, New York: Plume, 2006

Bouzereau, Laurent, Hitchcock, *Piece by Piece*, New York and London: Abrams, 2010

Brandt, Anthony, and Eagleman, David, *The Runaway Species How Human Creativity Remakes the World*, Edinburgh: Canongate, 2017

Camus, Albert, *Create Dangerously*, London: Penguin, 2018

Cave, Nick, The Red Hand Files (www.theredhandfiles.com)

Csikszentmihalyi, Mihaly, *Creativity Flow and the Psychology of Discovery and Invention*, HarperCollins, New York: 1996

Csikszentmihalyi, Mihaly, *Flow The Psychology of Optimal Experience*, New York: Harper and Row, 1990

Dietrich, Arne, 'The Cognitive Neuroscience of Creativity', *Psychonomic Bulletin Review*, 2004, 11

(6), 1011–1026

Doctorow, E.L. , *The Art of Fiction*, no. 94, interview by George Plimpton, Paris Review, Issue 101, Winter 1986

Emerson, Ralph Waldo, *The Complete Works Of Ralph Waldo Emerson Natural History Of Intellect, And Other Papers...*, Ann Arbor, MI: University of Michigan Library, 2006

Eno, Brian, *A Year with Swollen Appendices Brian Eno' Diary*, London: Faber & Faber, 2020

Fassler, Joe, *Light the Dark Writers on Creativity, Inspiration, and the Artistic Process*, New York: Penguin, 2017

Fig, Joe, Inside the Painter's Studio, New York: Princeton Architectural Press, 2009

Gayford, Martin, *Modernists Mavericks Bacon, Freud, Hockney the London Painters*, London: Thames & Hudson, 2018

Isaacson, Walter, *Leonardo da Vinci The Biography*, London: Simon & Schuster, 2017

Janouch, Gustav, *Conversations with Kafka*, New Directions, 2012

Johnson, Steven, *Where Good Ideas Come From the Natural History of Innovation*, New York: Penguin, 2010

Kent, Corita, and Steward, Jan, *Learning by Heart Teachings to Free the Creative Spirit*, New York: Allworth Press, 2008

Kessels, Erik, *Failed It! How to turn mistakes into ideas and other advice for successfully screwing up*, London: Phaidon, 2016

King, Stephen, *On Writing A Memoir of the Craft*, London: Hodder & Stoughton, 2000

Kleon, Austin, *Steal Like An Artist*, New York: Workman, 2012

Kotler, Steven, and Wheal, Jamie, *Stealing Fire How Silicon Valley, the Navy SEALs, and Maverick Scientists Are Revolutionizing the Way we Live and Work*, New York: Dey Street Books, 2017

Lynch, David, *Catching the Big Fish Meditation, Consciousness, and Creativity*, Los Angeles, CA: Bobkind Inc, 2006

Lynch, David, and McKenna, Kristine, Room to *Dream A Life in Art*, Edinburgh: Canongate, 2018

Mazur, Gail, *Zeppo's First Wife New and Selected Poems*, Chicago, IL: University of Chicago Press, 2005

Mlodinow, Leonard, Elastic: Flexible Thinking in a Constantly Changing World, New York: Penguin Random House, 2018

Okwonga, Musa, In The End, It Was All About Love, Aylesbury: Rough Trade Books, 2021

Roiphe, Katie, The Violet Hour: Great Writers at the End, London: Virago, 2016

Sacks, Oliver, The River of Consciousness, London: Picador, 2017

Saltz, Jerry, How to be An Artist, London: Ilex, 2020

Saunders, George, A Swim in a Pond in the Rain, London: Bloomsbury, 2021

Sendak, Maurice, Where the Wild things Are, London: Bodley Head, 1967

Seuss, Dr, The Annotated Cat: Under the Hats of Seuss and His Cats, with an introduction and annotations by Philip Nel, New York: Random House, 2007

Seuss, Dr, Happy Birthday to You!, London: HarperCollins Children' s Books, 2005

Schulz, Kathryn, Being Wrong: Adventures in the Margin of Error, London: Portobello, 2010

Smith, Patti, Just Kids, London: Bloomsbury, 2010

Steinbeck, John, Working Days: The Journals of The Grapes of Wrath, 1938–1941, edited by Robert J. DeMott, New York: Penguin Books, 1990

Suzuki, Shunryū, Zen Mind, Beginner' s Mind, Boulder, CO: Shambhala Publications, 2011

Syed, Matthew, Rebel Ideas: The Power of Diverse Thinking, London: John Murray, 2019

Tempest, Kae, On Connection, London: Faber & Faber, 2020

Twain, Mark, Twain' s Letters, Volume 2, 1867–1875, CreateSpace, 2014

Tweedy, Jeff, How to Write One Song, London: Faber & Faber, 2020

Van Gogh, Vincent, The Letters of Vincent Van Gogh, London: Allen Lane, 1996

Wilson, Chris, Horse Latitudes, London: Sorika, 2013

Zollo, Paul, Songwriters on Songwriting, Cambridge, MA: Da Capo Press, 2003

Acknowledgments
致謝

　　我想某個層面上，我本來就明白寫書不容易。但動筆之前，我不曾真正理解寫一本書需要多少血汗、心酸和靈魂探尋。雖然書封上印著我的名字，但若不是另一些人的鼎力相助，這本書是不可能存在的。

　　謝謝熱情從來不減的 Nicola Davies：你讓整件事動了起來。謝謝 Jo Lightfoot：少了你的經驗與洞見，也許沒有一家出版社會認真考慮我的提案。謝謝 Roger、Mohara、Ramon 和 Thames & Hudson 所有工作人員的用心，讓拙作得以出版。也謝謝 Fraser 和 Alex，將它設計成一本這麼漂亮的作品。謝謝我的編輯 Becky Pearson 給我細微卻關鍵的修改建議，而且總是表達得親和有禮，沒有你的幫忙，本書的文字不可能如此優雅。謝謝我無可取代的朋友 Tony Pipes 閱讀我的初稿，並鼓勵我它不是連篇鬼話。謝謝艾爾・墨菲先生在我的文字間灑進了無法無天的小圖：我欠你好幾杯馬丁尼。謝謝我的妻子、朋友、導師、靈感泉源 Kate Shooter：沒有你，這一切都不會發生。謝謝無數作家、音樂家、表演者、藝術家用盡心力，創造出那些支持我們走下去的作品。最後要謝謝我的創作心魔們：正因為你們，這本書才會是今天的樣子。

誰偷走了我的靈感？終結空白提案，擊敗妨礙創作的十大內心魔鬼

作者	理查・霍曼（Richard Holman）
插畫	艾爾・墨菲（Al Murphy）
譯者	李忞
責任編輯	林亞萱
版面編排	江麗姿
封面設計	任宥騰
資深行銷	楊惠潔
行銷主任	辛政遠
通路經理	吳文龍
總編輯	姚蜀芸
副社長	黃錫鉉
總經理	吳濱伶
發行人	何飛鵬
出版	創意市集 Inno-Fair 城邦文化事業股份有限公司
發行	英屬蓋曼群島商家庭傳媒股份有限公司 城邦分公司 115台北市南港區昆陽街16號8樓

城邦讀書花園　http://www.cite.com.tw
客戶服務信箱　service@readingclub.com.tw
客戶服務專線　02-25007718、02-25007719
24小時傳真　02-25001990、02-25001991
服務時間　週一至週五9:30-12:00，13:30-17:00
劃撥帳號　19863813　戶名：書虫股份有限公司
實體展售書店　115台北市南港區昆陽街16號5樓
※如有缺頁、破損，或需大量購書，都請與客服聯繫

香港發行所 城邦（香港）出版集團有限公司
香港九龍土瓜灣土瓜灣道86號
順聯工業大廈6樓A室
電話：(852) 25086231
傳真：(852) 25789337
E-mail：hkcite@biznetvigator.com

馬新發行所 城邦（馬新）出版集團Cite (M) Sdn Bhd
41, Jalan Radin Anum, Bandar Baru Sri Petaling,
57000 Kuala Lumpur, Malaysia.
電話：(603)90563833
傳真：(603)90576622
Email：services@cite.my

製版印刷	凱林彩印股份有限公司
初版一刷	2024年7月
ISBN	978-626-7488-06-5／ 定價　新台幣390元
EISBN	9786267488072（EPUB）／ 電子書定價　新台幣273元

Printed in Taiwan
版權所有，翻印必究

※廠商合作、作者投稿、讀者意見回饋，請至：
創意市集粉專　https://www.facebook.com/innofair
創意市集信箱　ifbook@hmg.com.tw

版權宣告
Published by arrangement with Thames & Hudson
Ltd, London,
Creative Demons and How to Slay Them © 2022
Thames & Hudson Ltd, London
Text © 2022 Richard Holman
Illustrations © 2022 Al Murphy
Designed by Fraser Muggeridge studio
This edition first published in Taiwan in 2024 by
Inno-Fair, a division of Cité
Publishing Ltd, Taipei
Traditional Chinese Edition © 2024 Inno-Fair, a
division of Cité Publishing Ltd

國家圖書館出版品預行編目資料

誰偷走了我的靈感？終結空白提案，擊敗妨礙創作
的十大內心魔鬼/ Richard Holman, Al Murphy著.
-- 初版. -- 臺北市：創意市集出版：城邦文化事業股
份有限公司發行, 2024.07
　面；　公分
譯自：Creative demons and how to slay them
ISBN 978-626-7488-06-5(平裝)

1.CST: 創造力 2.CST: 自我實現

176.4　　　　　　　　　　　　　113006367